ΠΡΟΣΕΥΧΗΤΑΡΙΟΝ
AN ORTHODOX PRAYE

καὶ διάκονο Εὐγένιο Χριστοδήλη
μετὰ πολλῆς ἐν Κυρίῳ ἀγάπης καὶ
εὐχῶν.

  ὁ Φυλαδέρων καὶ Μ.Β. Ἀρχιέρεας

  9 - 2 - 2000.

ΠΡΟΣΕΥΧΗΤΑΡΙΟΝ

AN ORTHODOX PRAYER BOOK

Συνταχθέν καί Μεταφρασθέν μετ' Εἰσαγωγῆς ὑπό τοῦ
ΑΡΧΙΜΑΝΔΡΙΤΟΥ ΕΦΡΑΙΜ LASH

Μετά Προλόγου ὑπό τοῦ Σεβασμιωτάτου Ἀρχιεπισχόπου
Θυατείρων καί Μεγάλης Βρετανίας
ΓΡΗΓΟΡΙΟΥ

Compiled and Translated with an Introduction by
ARCHIMANDRITE EPHREM LASH

With a Foreword by
HIS EMINENCE ARCHBISHOP GREGORIOS
OF THYATEIRA AND GREAT BRITAIN

OXFORD
UNIVERSITY PRESS

OXFORD
UNIVERSITY PRESS

Great Clarendon Street, Oxford OX2 6DP

Oxford University Press is a department of the University of Oxford.
It furthers the University's objective of excellence in research, scholarship,
and education by publishing worldwide in

Oxford New York

Athens Auckland Bangkok Bogotá Buenos Aires Calcutta
Cape Town Chennai Dar es Salaam Delhi Florence Hong Kong Istanbul
Karachi Kuala Lumpur Madrid Melbourne Mexico City Mumbai
Nairobi Paris São Paulo Singapore Taipei Tokyo Toronto Warsaw

with associated companies in Berlin Ibadan

First published 1999

British Library Cataloging in Publication Data
Data available

ISBN 0–19–122475–8

1 3 5 7 9 10 8 6 4 2

Typeset in Monotype
Times New Roman and Greek

Printed in Great Britain
on acid-free paper by
Bookcraft, Midsomer Norton

ΠΡΟΣΕΥΧΗ "ὁμιλία ἐστι τοῦ νοῦ πρός Θεόν" (Εὐάγριος ὁ Πόντιος· *Περί Προσευχῆς*, 3), κατά τήν ὁποία θέτουμε ἑαυτούς στά χέρια τοῦ Θεοῦ κι ἑνωνόμαστε μαζί του· "Διό καί πρό παντός, καί μᾶλλον θεολογίας, εὐχῆς ἀπάρχεσθαι χρεών, οὐχ ὡς ἐφελκομένους τήν ἀπανταχῇ παροῦσαν καί οὐδαμῇ δύναμιν, ἀλλ᾽ ὡς ταῖς θείαις μνείαις καί ἐπικλήσεσι ἡμᾶς αὐτούς ἐγχειρίζοντες αὐτῇ καί ἑνοῦντες" (Διονύσιος ὁ Ἀρεοπαγίτης· *Θεῖα Ὀνόματα*, ΙΙΙ, 1). Ταυτόχρονα, "προσευχή ἐστι πραότητος καί ἀοργησίας βλάστημα", "προσευχή ἐστι χαρᾶς καί εὐχαριστίας πρόβλημα" (Εὐάγριος, ἔ. ἀ. 14, 15) πού, κατά τόν Ἰωάννη τόν Χρυσόστομο, "οὐκ εἶναι τήν ἁπλῶς ἐπί τοῦ στόματος κειμένην, ἀλλά τήν ἐκ τοῦ βάθους τῆς διανοίας ἀνιοῦσαν" (*Περί τοῦ Ἀκατανοήτου τοῦ Θεοῦ*, Κήρυγμα 5:7).

Οἱ Ἀπόστολοι ρώτησαν τόν Κύριο· "Δίδαξον ἡμᾶς προσεύχεσθαι" (*Λουκᾶς* 11, 1), ἡ δέ ἀπάντηση τοῦ Χριστοῦ ἦταν νά τούς διδάξει μέ τίς λέξεις πού ἔχουν γίνει οἱ πλέον γνωστές ἀπό ὅλες τίς Χριστιανικές προσευχές — τό "Πάτερ ἡμῶν." Αὐτή εἶναι ἡ προσευχή ἡ ὁποία, σύμφωνα μέ τόν Ἅγιο Ἰωάννη τόν Κασσιανό, "ὑψώνει ὅσους τήν γνωρίζουν σ᾽ ἐκείνη τή φωτιά πού πολύ λίγοι γνωρίζουν ἐκ πείρας ... Μιά ἀνείπωτη κατάσταση πού βρίσκεται πολύ πιό πάνω πάσης ἀνθρωπίνης αἰσθήσεως, ἄνευ τοῦ ἤχου ὁποιασδήποτε φωνῆς, ἄνευ οἰασδήποτε κινήσεως τῆς γλώσσης, ἄνευ οἰασδήποτε ἐνάρθρης λέξεως. Ἡ ψυχή εἶναι ἐντελῶς πλήρης φωτός καί οὐδέποτε πιά κάνει οἰανδήποτε χρῆσιν τῆς ἀνθρωπίνης γλώσσης, ἥτις εἶναι πάντοτε πεπερασμένη" (*Συνεντεύξεις*, ΙΧ, 25).

ΠΡΟΛΟΓΟΣ

Στό ἀνά χεῖρας *Προσευχητάριον* συγκεντρώνονται πολλά ἐκ τῶν κειμένων — μερικά σύντομα καί ἁπλᾶ, ἄλλα μελαγυτέρας ἐκτάσεως — τά ὁποῖα χρησιμοποιοῦνται ὑπό τῆς Ὀρθοδόξου Ἐκκλησίας στή Θεία Λειτουργία της. Μερικά εἶναι πολύ γνωστά ἐντός καί ἐκτός τῆς Ἐκκλησίας μας, ἐνῶ ἄλλα ἔχουν ληφθεῖ ἀπό τή λειτουργική της ζωή καί παράδοση. Ὅμως ὅλα μᾶς διδάσκουν "πῶς προσευχόμαστε" καί θά καθοδηγοῦν τά βήματά μας στήν καθημερινή πνευματική μας "συνομιλία", τό διάλογο καί τή συνάντηση μέ τό Θεό.

Ἡ Ὀρθοδοξία ἔχει συχνά τονίσει τήν Παυλική παραίνεση "ἀδιαλείπτως προσεύχεσθαι" (*Α´ Θεσσαλονικεῖς* 5, 17). Ὁ δέ Ἅγιος Ἰσαάκ ὁ ἀπό Νινεβέχ γράφει τι "Ὅταν τό πνεῦμα ἐνοικεῖ σέ κάποιο ἄτομο ... τοῦτο οὐδέποτε σταματᾶ νά προσεύχεται ἐν αὐτῷ. Εἴτε τό ἄτομο κοιμᾶται ἤ ἀγρυπνεῖ, ἡ προσευχή οὐδέποτε πιά ἀποχωρεῖ ἀπό τήν ψυχή αὐτοῦ" (*Ἀσκητικαί Πραγματεῖαι*, 851). Οἱ Ὀρθόδοξοι Χριστιανοί ἀποβλέπουν πρός τό ὑψηλό αὐτό ἰδεῶδες, τῆς ἀδιαλείπτου προσευχῆς, εἴτε αὐτή γίνεται σέ τόπο ἐργασίας ἤ μοναστήριον, ἐντός τῆς οἰκίας ἤ σέ εὐρύτερο οἰκογενειακό κύκλο, σέ κρεββάτι πόνου καί δοκιμασίας — εἴτε ἀκόμη στήν ἔρημο ἤ σέ ὀρεινό περιβάλλον, περί τῶν ὁποίων ὁ Ἅγιος Ἐφραίμ ὁ Σύρος ὁμιλεῖ τόσο συγκινητικά (στά *Κηρύγματα περί Μοναχῶν*, 3) ὅταν διακηρύττει ὅτι τά προηγούμενα εἶναι καλύτερα ἀπό τίς κατοικούμενες περιοχές γιά κάποιον πού ἀναζητᾶ τή δόξα τοῦ Θεοῦ, καί τά τελευταῖα ὡς πιό προτιμητέα παρά πόλεις γιά κάποιον πού γνωρίζει τή Θεία Χάρη πού τοῦ παρέχεται.

Εἶναι, συνεπῶς, μέ βαθειά εὐγνωμοσύνη πού θερμά εὐχαριστῶ τόν Πανοσιολογιώτατον Ἀρχιμανδρίτη Ἐφραίμ Lash γιά τήν ἐργασία ἀγάπης του στή σύνταξη τοῦ παρόντος *Προσευχηταρίου* καί στίς καρποφόρες προσπάθειές του στήν ἐμβάθυνση τῆς γνώσεως καί τῆς ἀγάπης μας πρός τόν Ἰησοῦ Χριστό μέ τίς μεταφράσεις πού ἔκανε τῆς Θείας Λειτουργίας τῆς Ἁγίας μας Ἐκκλησίας.

ΠΡΟΛΟΓΟΣ

Λαμβάνω ὡσαύτως τήν εὐκαιρία νά ἐκφράσω τίς εὐχαριστίες καί τήν εὐγνωμοσύνη μου σέ ὅλους ἐκείνους πού μέ τόσο ἐνθουσιασμό καί γενναιοδωρία κάλυψαν τά ἔξοδα τῆς ἐκδόσεως τοῦ *Προσευχηταρίου*, δηλαδή τόν Ἐξοχώτατο Κωνσταντῖνο Λεβέντη τοῦ Ἱδρύματος Ἀναστασίου Λεβέντη, καί τό Πλοίαρχο Νικόλαο Σ. Λαιμό. Εἴθε ὁ Κύριος νά τούς εὐλογεῖ καί νά τούς χαρίζει ἀπόλυτη ὑγεία καί τά μέσα γιά νά συνεισφέρουν σέ πολλούς ἄλλους ὡραίους καί ἱερεῖς σκοπούς ὅπως αὐτόν πού προσπαθοῦμε τώρα νά προβάλουμε γιά τή δόξα Αὐτοῦ πού εἶναι τό Ἄλφα καί τό Ὠμέγα (*Ἀποκάλυψις* 22, 13), ἡ χαρά καί ἡ εὐτυχία τῶν Πιστῶν πού ἐμπιστεύονται αὐτούς εἰς Ἐκεῖνον.

Εἴθε ἡ εὐλογία τοῦ Θεοῦ νά δοθεῖ ἐπίσης καί σέ ὅσους χρησιμοποιοῦν τό *Προσευχητάριον* αὐτό. Εἴθε ὅλοι, κατά τήν κρίσιν Αὐτοῦ, μεταμορφωθοῦν ἐν δόξῃ διά τῆς ἀδιαλείπτου προσευχῆς καί περισυλλογῆς.

Ἀρχιεπίσκοπος Θυατείρων καί Μεγάλης Βρετανίας
ΓΡΗΓΟΡΙΟΣ

Μάρτιος 1998

FOREWORD

BY HIS EMINENCE ARCHBISHOP GREGORIOS
OF THYATEIRA AND GREAT BRITAIN

Prayer is a 'conversation of the spirit with God' (Evagrius of
Pontus: *On Prayer*, 3), in which we put ourselves in God's hands
and unite ourselves to Him (cf. Dionysius the Areopagite: *Divine
Names*, III, 1). At the same time, it is 'the daughter of gentleness
… the fruit of joy and gladness' (Evagrius: *op. cit.* 14, 15) which,
for St John Chrysostom, is not only 'that which is of the mouth,
but that which springs up from the bottom of the heart' (*On the
Incomprehensibility of God*, Sermon 5).

The Apostles asked of the Lord: 'Teach us to pray' (Luke 11, 1),
and Christ's reply was to instruct them with the words that have
become the best known of all Christian prayers—the 'Our
Father'. This is the prayer which, according to St John Cassian,
'raises those who make themselves familiar with it to that fire
which very few know from experience … An ineffable state
that is far above all human feeling, without the sound of any
voice, without any movement of the tongue, without any
articulate word. The soul is wholly filled with light and no
longer makes any use of human language, which is always
limited' (*Conferences*, IX, 25).

In this *Orthodox Prayer Book* are collected many of the texts—
some short and simple, others of greater length—that are used
by the Orthodox Church in its worship. Some are well known
both within and without our Church, while others are drawn
from its liturgical life and tradition. All, however, will teach us
'how to pray' and guide our steps in our daily spiritual
'conversation', dialogue and meeting with God.

Orthodoxy has frequently stressed the Pauline exhortation of
'pray without ceasing' (1 Thessalonians 5, 17); and St Isaac of

Nineveh writes that 'when the Spirit dwells in a person ... (it) never ceases to pray in him. Whether the person is asleep or awake, prayer never from then on departs from his soul' (*Ascetic Treatises*, 85). Orthodox Christians aim for this high ideal, of ceaseless prayer, whether it be in the workplace or monastery, within the home or wider family circle, on a bed of pain or suffering—or even in the desert or mountainous environment, of which St Ephrem the Syrian speaks so movingly (in his *Sermons on Monks*, 3) when he declares that the former is better than the inhabited places for one who is seeking the glory of God and the latter as preferable to cities for anyone aware of the grace that is given to him.

It is therefore with very deep gratitude that I warmly thank the Very Reverend Archimandrite Ephrem Lash for his labour of love in compiling this present *Orthodox Prayer Book*, and for his fruitful efforts in deepening our knowledge and love of Christ Jesus through the translations that he has made from the Service Books of our Holy Church.

I also wish to take this opportunity to express my thanks and gratitude to those who have so enthusiastically and with such generosity covered the cost of this book's publication, namely His Excellency Constantinos Leventis, of the Anastasios Leventis Foundation, and Captain Nicolas S. Lemos. May our Lord bless them and grant them sound health and the means to contribute to many other good and sacred causes such as that which we are here endeavouring to promote for the glory of Him Who is the Alpha and Omega (Revelation 22, 13), the joy and happiness of the Faithful who entrust their lives to Him.

May God's blessing also be on all those who use this *Orthodox Prayer Book*; and may they all, in His good time, be transfigured in glory through ceaseless prayer and meditation.

GREGORIOS
Archbishop of Thyateira and Great Britain

March 1998

ΕΙΣΑΓΩΓΗ

Αὐτή ἡ μικρή συλλογή προσευχῶν στά Ἑλληνικά καί στ' Ἀγγλικά συντάχθηκε γιά τούς Ὀρθοδόξους πιστούς τῆς Ἀρχιεπισκοπῆς Θυατείρων καί Μεγάλης Βρετανίας, ὡς ἕνα μέρος τῶν προσπαθειῶν τῆς Ἀρχιεπισκοπῆς νά βοηθήσει τά μέλη της, ἰδιαίτερα τήν νεολαία στήν προσωπική προσευχή. Οἱ ἑωθινές καί βραδινές προσευχές ἐλήφθησαν ἀπό τά καθιερωμένα ἑλληνικά προσευχητάρια, τό δέ ὑπόλοιπο ὑλικό ἀπό τό Ὡρολόγιον. Ὅπου εἶναι ἐφικτόν, οἱ μεταφράσεις πού χρησιμοποιοῦνται εἶναι αὐτές πού εἶχαν γίνει ἀπό τήν Ἀρχιεπισκοπή Θυατείρων καί Μεγάλης Βρετανίας γιά τήν ἔκδοση τῆς Θείας Λειτουργίας τοῦ Ἁγίου Ἰωάννου τοῦ Χρυσοστόμου, ἡ ὁποία κυκλοφόρησε τό 1995 ἀπό τό Oxford University Press.

Γενικῶς εἶναι ἐπιθυμητό στά λειτουργικά βιβλία νά τυπώνεται ὁλόκληρο τό κείμενο, κάθε φορά πού ἐπαναλαμβάνεται στήν ἀκολουθία, γιά ν' ἀποφεύγονται τά συχνά "πισωγυρίσματα" τῶν σελίδων. Ὅμως, σ' ἕνα βιβλίο πού προορίζεται γιά προσωπική χρήση, οἱ συντομογραφίες δέν ἐνοχλοῦν τόσο κι ἐπιπλέον ἐπιτρέπουν νά συμπεριλαμβάνεται περισσότερη ὕλη σ' ἕνα μικρό ἐγχειρίδιο. Στίς περισσότερες τῶν περιπτώσεων κάθε προσευχή ἤ ὁμάδα προσευχῶν τυπώνεται ὁλόκληρη τήν πρώτη φορά πού ἀπαντᾶται. Ἡ φράση "Τρισάγιον κτλ." ἀναφέρεται σ' ἐκείνη τήν ὁμάδα προσευχῶν ἀπό τό "Ἅγιος ὁ Θεός" μέχρι τό τέλος τοῦ "Πάτερ ἡμῶν" πού συναντᾶται συχνά στίς περισσότερες ὀρθόδοξες ἀκολουθίες. Οἱ λέξεις "Δόξα. Καί νῦν." ἀναφέρονται στή μικρή δοξολογία:

Δόξα Πατρὶ καὶ Υἱῷ καὶ Ἁγίῳ Πνεύματι, καὶ νῦν καὶ ἀεὶ καὶ εἰς τοὺς αἰῶνας τῶν αἰώνων. Ἀμήν.

ΕΙΣΑΓΩΓΗ

Συχνά αὐτή διαρεῖται σέ δύο μέρη· τό πρῶτο, πού ἀρχίζει μέ τό "Δόξα", λέγεται πρίν ἀπό μία προσευχή ἤ ὕμνο καί τό δεύτερο, πού ἀρχίζει μέ τό "Καὶ νῦν", λέγεται πρίν ἀπό τήν ἑπόμενη προσευχή ἤ ὕμνο. Ἡ προσευχή "Βασιλεῦ Οὐράνιε" δέν λέγεται ἀπό τό Πάσχα μέχρι τήν Πεντηκοστή. Ἀπό τήν ἡμέρα τοῦ Πάσχα μέχρι τήν ἀπόδοσή του, τήν παραμονή τῆς Ἀναλήψεως, τό Τρισάγιον στήν ἔναρξη τῶν ἀκολουθιῶν ἀντικαθίσταται ἀπό τό πασχαλινό τροπάριον "Χριστὸς ἀνέστη" (σελ. 97) πού λέγεται τρεῖς φορές.

Στό βιβλίο αὐτό, ἐκτός ἀπό τήν Εὐλογία τῆς Τραπέζης, δέν προϋποτίθεται παρουσία ἱερέως. Διατηροῦνται, ὅμως, οἱ δοξολογίες στό τέλος τῶν εὐχῶν, καθώς καί οἱ δεήσεις στό Ἀπόδειπνο καί μερικές Ἀπολύσεις. Ὅποιος δέν θέλει νά διαβάζει τίς καταληκτήριες δοξολογίες, μπορεῖ νά τίς ἀντικαθιστᾶ μέ τά λόγια:

Δι' εὐχῶν τῶν ἁγίων πατέρων ἡμῶν, Κύριε Ἰησοῦ Χριστέ, ὁ Θεός ἡμῶν, ἐλέησον ἡμᾶς. Ἀμήν.

Ἡ εὐχή αὐτή, ἡ ὁποία συχνά εἶναι γνωστή ὡς "Σφραγίς" πρέπει πάντα νά τίθεται στή λήξη, τόσο τῶν ἐκκλησιαστικῶν ἀκολουθιῶν, ὅσο καί τῆς προσωπικῆς προσευχῆς. Ἐπίσης, μπορεῖ νά χρησιμοποιεῖται στήν ἔναρξη μιᾶς ἀκολουθίας ἀντί τῆς εὐλογίας, πού συνήθως ἐκφώνει ὁ ἱερέας.

Οἱ ἐκδόσεις πού κυκλοφοροῦν, παρουσιάζουν μεγάλη ποικιλία στό τελευταῖο μέρος τοῦ Ἀποδείπνου, μετά δηλαδή τήν εὐχήν τοῦ Ἀντιόχου Μοναχοῦ: "Καὶ δὸς ἡμῖν…" Ἐδῶ ἀκολουθοῦμε τήν τάξη τῶν μονῶν τοῦ Ἁγίου Ὄρους.

Ὑπάρχει, βέβαια, ἕνας ἀπέραντος πλοῦτος εὐχῶν πού γράφτηκαν ἀπό Ὀρθοδόξους Χριστιανούς ἀπό τήν ἐποχή τῶν Ἀποστόλων καί τῶν Πατέρων, μέχρι τίς μέρες μας. Ἡ δική μας ἐπιλογή, πού ἀκολουθεῖ, ἐπικεντρώνεται στίς προσευχές καί τούς ὕμνους τῶν ἐπισήμων βιβλίων τῆς Ἐκκλησίας, διότι πιστεύουμε ὅτι αὐτοί, μαζί μέ τό βιβλίο τῶν Ψαλμῶν, θά πρέπει πάντα ν' ἀποτελοῦν τήν βάση γιά τήν προσευχή κάθε Ὀρθοδόξου Χριστιανοῦ.

Προτάσεις γιά συμπληρώσεις καί βελτιώσεις γιά μία μελλοντική, ἀναθεωρημένη ἔκδοση, θά εἶναι εὐπρόσδεκτες.

Θά ἤθελα νά ἐκφράσω τήν βαθυτάτη εὐγνωμοσύνη μου στούς πολλούς ἀνθρώπους οἱ ὁποῖοι βοήθησαν καί ὑποστήριξαν τήν δημιουργία αὐτοῦ τοῦ βιβλίου. Πρῶτα, εὐχαριστῶ τόν Σεβασμιώτατο Ἀρχιεπίσκοπο Γρηγόριο γιά τό ἀδιάλειπτο ἐνδιαφέρον του καί γιά τήν ἐνθάρρυνση. Μετά τόν κ. Nigel Lynn τοῦ Oxford University Press, γιατί πρῶτος ἐξέφρασε τήν ἐπιθυμία νά συνταχθεῖ αὐτό τό βιβλίο, καθώς καί γιά τήν ὑποδειγματική του ὑπομονή. Εὐχαριστῶ ἐπίσης τόν κ. Christopher Stirk, ὁ ὁποῖος, ὄχι μόνο δακτυλογράφησε ὅλο τό ἑλληνικό χειρόγραφο, ἀλλά καί δαπάνησε ὦρες πολλές στόν ἔλεγχο καί τήν διόρθωση τόσο τοῦ ἑλληνικοῦ, ὅσο καί τοῦ ἀγγλικοῦ κειμένου γιά τό τυπογραφεῖο. Τέλος, τό προσωπικό τῆς Ἀρχιεπισκοπῆς, οἱ ὁποῖοι ἔκαναν πολλές πολύτιμες διορθώσεις καί προτάσεις.

ΑΡΧΙΜΑΝΔΡΙΤΗΣ ΕΦΡΑΙΜ

Σάββατο τοῦ Λαζάρου 1998

INTRODUCTION

This small collection of prayers in Greek and English has been put together for the Orthodox faithful of the Archdiocese of Thyateira and Great Britain as part of its efforts to help its members, and especially the young people, in their devotions.

The Morning and Evening Prayers are taken from the standard Greek manuals and the rest of the material from the *Book of Hours*. Where possible the translations used are those prepared for the edition of the Liturgy of St John Chrysostom by the Archdiocese of Thyateira and Great Britain, published in 1995 by Oxford University Press.

Although it is generally desirable in liturgical books to avoid frequent 'turning back' by printing everything in full each time it occurs, not to do so is less of a nuisance in a book designed for personal use and allows more material to be included in a small manual. In most instances each prayer, or group of prayers, is printed out in full the first time it occurs. The phrase '*Trisagion etc.*' refers to that group of prayers from the *Trisagion*, or *Thrice Holy*, to the end of the 'Our Father' which occurs frequently in most Orthodox services. The words 'Glory. Both now' refer to the short doxology:

> Glory to the Father and to the Son, and to the Holy Spirit,
> both now and for ever, and to the ages of ages. Amen.

This is frequently divided into two sections, the first, beginning 'Glory', being said before a prayer or hymn and the other, beginning 'Both now', before the following one.

The prayer 'Heavenly King' is not said from Pascha until Pentecost. From Pascha until Ascension the *Trisagion* at the beginning of any service is replaced by the Paschal Troparion 'Christ has risen' (page 97), said three times.

The word *metania*, which means either a 'bow' or a full 'prostration', according to circumstances, has for this reason been transliterated rather than translated.

Except for Grace at Meals, no provision has been made for the presence of a priest, but the concluding doxologies of prayers have been retained, together with the Litany at Compline and some of the Dismissals. Those who do not wish to say the concluding doxologies may replace them with the formula:

> Through the prayers of our holy fathers,
> Lord Jesus Christ our God, have mercy on us. Amen.

This prayer, which is often known as the 'Seal', should always end both public services and private devotions. It may also be used at the beginning of a service in place of the blessing that is normally given by a priest.

There is much variety in the books over the final part of Small Compline, following the prayer of the Monk Antiochos. We have followed the use of the monasteries of the Holy Mountain of Athos.

There is, of course, a vast wealth of prayers composed by Orthodox Christians from the age of the Apostles and the Fathers until our own day. The following selection concentrates on the hymns and prayers from the Church's official books, in the belief that these should always, along with the book of Psalms, form the basis of the prayer of every Orthodox Christian.

Suggestions for additions and improvements will be welcomed for a future revised edition.

I would like to express my profound gratitude to the many people who have supported and helped the production of this book. First of all I thank His Eminence Archbishop Gregorios for his unfailing interest and encouragement, then Mr Nigel Lynn of Oxford University Press, for accepting the book in the first place and for his exemplary patience, to Mr Christopher Stirk, who not only typed the whole of the Greek manuscript but spent many hours checking and correcting the proofs in both Greek and English, and to the staff at Thyateira House who made many valuable corrections and suggestions.

ARCHIMANDRITE EPHREM

Lazarus Saturday, 1998

ΠΕΡΙΕΧΟΜΕΝΑ

CONTENTS

ΠΡΟΣΕΥΧΗΤΑΡΙΟΝ
AN ORTHODOX PRAYER BOOK

MORNING PRAYERS

On rising from sleep and getting up out of bed,
stand with devotion and fear of God and say:

In the name of the Father, and of the Son, and of the Holy
Spirit.
Amen.

Heavenly King, Paraclete, Spirit of truth,
present everywhere, filling all things,
Treasury of blessings and Giver of life,
come and dwell in us,
cleanse us from every stain,
and, O Good One, save our souls.

Holy God, Holy Strong, Holy Immortal,
have mercy on us (*three times*).

Glory to the Father, and to the Son, and to the Holy Spirit,
both now and for ever, and to the ages of ages. Amen.

All-holy Trinity, have mercy on us.
Lord, cleanse us from our sins.
Master, pardon our iniquities.
Holy One, visit and heal our infirmities for your name's
sake.

Lord, have mercy.
Lord, have mercy.
Lord, have mercy.

Glory to the Father, and to the Son, and to the Holy Spirit,
both now and for ever, and to the ages of ages. Amen.

ΕΩΘΙΝΑΙ ΠΡΟΣΕΥΧΑΙ

Μετὰ τὸ ἐγερθῆναι ἀπὸ τοῦ ὕπνου,
στῆθι μετ' εὐλαβείας καὶ φόβου Θεοῦ καὶ εἰπέ·
Εἰς τὸ ὄνομα τοῦ Πατρὸς καὶ τοῦ Υἱοῦ καὶ τοῦ Ἁγίου
  Πνεύματος.
Ἀμήν.

Βασιλεῦ οὐράνιε, Παράκλητε, τὸ Πνεῦμα τῆς ἀληθείας,
ὁ πανταχοῦ παρὼν καὶ τὰ πάντα πληρῶν,
ὁ θησαυρὸς τῶν ἀγαθῶν καὶ ζωῆς χορηγός,
ἐλθὲ καὶ σκήνωσον ἐν ἡμῖν
καὶ καθάρισον ἡμᾶς ἀπὸ πάσης κηλῖδος
καὶ σῶσον, Ἀγαθέ, τὰς ψυχὰς ἡμῶν.

Ἅγιος ὁ Θεός, Ἅγιος Ἰσχυρός, Ἅγιος Ἀθάνατος,
ἐλέησον ἡμᾶς (*τρίς*).

Δόξα Πατρὶ καὶ Υἱῷ καὶ Ἁγίῳ Πνεύματι·
καὶ νῦν καὶ ἀεὶ καὶ εἰς τοὺς αἰῶνας τῶν αἰώνων. Ἀμήν.

Παναγία Τριάς, ἐλέησον ἡμᾶς.
Κύριε, ἱλάσθητι ταῖς ἁμαρτίαις ἡμῶν.
Δέσποτα, συγχώρησον τὰς ἀνομίας ἡμῖν.
Ἅγιε, ἐπίσκεψαι καὶ ἴασαι τὰς ἀσθενείας ἡμῶν, ἔνεκεν τοῦ
  ὀνόματός σου.

Κύριε, ἐλέησον.
Κύριε, ἐλέησον.
Κύριε, ἐλέησον.

Δόξα Πατρὶ καὶ Υἱῷ καὶ Ἁγίῳ Πνεύματι·
καὶ νῦν καὶ ἀεὶ καὶ εἰς τοὺς αἰῶνας τῶν αἰώνων. Ἀμήν.

Our Father in heaven,
may your name be hallowed,
your kingdom come,
your will be done on earth as in heaven.
Give us today our daily bread,
and forgive us our debts,
as we forgive our debtors;
And do not lead us into temptation,
but deliver us from the evil one.

For yours is the Kingdom,
the power and the glory,
of the Father, the Son, and the Holy Spirit,
now and for ever,
and to the ages of ages. Amen.

Then the following Hymns to the Trinity

On rising from sleep, we fall down before you, O Good One,
and we cry to you with the Angels' hymn, O Mighty One:
Holy, Holy, Holy are you, O God.
Through the Mother of God have mercy on us.

Glory to the Father, and to the Son, and to the Holy Spirit.

You have roused me, Lord, from my bed and from sleep,
enlighten my mind and open my heart and my lips,
O Holy Trinity, to sing your praise:
Holy, Holy, Holy are you, O God.
Through the Mother of God have mercy on us.

Both now and for ever, and to the ages of ages. Amen.

Suddenly the Judge will come, and the deeds of each will be laid
    bare;
but with fear let us cry to you in the middle of the night:

Πάτερ ἡμῶν, ὁ ἐν τοῖς οὐρανοῖς,
ἁγιασθήτω τὸ ὄνομά σου·
ἐλθέτω ἡ βασιλεία σου·
γενηθήτω τὸ θέλημά σου,
ὡς ἐν οὐρανῷ καὶ ἐπὶ τῆς γῆς.
Τὸν ἄρτον ἡμῶν τὸν ἐπιούσιον δὸς ἡμῖν σήμερον·
καὶ ἄφες ἡμῖν τὰ ὀφειλήματα ἡμῶν,
ὡς καὶ ἡμεῖς ἀφίεμεν τοῖς ὀφειλέταις ἡμῶν·
Καὶ μὴ εἰσενέγκῃς ἡμᾶς εἰς πειρασμόν,
ἀλλὰ ῥῦσαι ἡμᾶς ἀπὸ τοῦ πονηροῦ.

Ὅτι σοῦ ἐστιν ἡ βασιλεία,
καὶ ἡ δύναμις καὶ ἡ δόξα,
τοῦ Πατρὸς καὶ τοῦ Υἱοῦ καὶ τοῦ Ἁγίου Πνεύματος,
νῦν καὶ ἀεὶ καὶ εἰς τοὺς αἰῶνας τῶν αἰώνων. Ἀμήν.

Εἶτα τὰ παρόντα Τριαδικὰ τροπάρια.

Ἐξεγερθέντες τοῦ ὕπνου προσπίπτομέν σοι, Ἀγαθέ,
καὶ τῶν Ἀγγέλων τὸν ὕμνον βοῶμέν σοι, Δυνατέ·
Ἅγιος, Ἅγιος, Ἅγιος, εἶ ὁ Θεός.
Διὰ τῆς Θεοτόκου ἐλέησον ἡμᾶς.

Δόξα Πατρὶ καὶ Υἱῷ καὶ Ἁγίῳ Πνεύματι.

Τῆς κλίνης καὶ τοῦ ὕπνου ἐξεγείρας με, Κύριε,
τὸν νοῦν μου φώτισον, καὶ τὴν καρδίαν καὶ τὰ χείλη μου
    ἄνοιξον
εἰς τὸ ὑμνεῖν σε, Ἁγία Τριάς·
Ἅγιος, Ἅγιος, Ἅγιος, εἶ ὁ Θεός.
Διὰ τῆς Θεοτόκου ἐλέησον ἡμᾶς.

Καὶ νῦν καὶ ἀεὶ καὶ εἰς τοὺς αἰῶνας τῶν αἰώνων. Ἀμήν.

Ἀθρόον ὁ Κριτὴς ἐπελεύσεται, καὶ ἑκάστου αἱ πράξεις
    γυμνωθήσονται·
ἀλλὰ φόβῳ κράξωμεν ἐν τῷ μέσῳ τῆς νυκτός·

Holy, Holy, Holy are you, O God.
Through the Mother of God have mercy on us.

Lord, have mercy *(x12), and these prayers:*

Psalm 120

I have lifted up my eyes to the mountains,
from where my help will come.

My help is from the Lord,
who made heaven and earth.

Do not let your foot waver;
and may he who guards you not slumber.

See, the One who guards Israel
will neither slumber nor sleep.

The Lord will guard you,
The Lord is protection for you on your right hand.

By day the sun will not scorch you,
nor the moon by night.

The Lord will guard you from every evil,
The Lord will guard your soul.

The Lord will guard your coming in and your going out,
from now and for evermore.

Glory to the Father, and to the Son, and to the Holy Spirit,
both now and for ever, and to the ages of ages. Amen.

Ἅγιος, Ἅγιος, Ἅγιος, εἶ ὁ Θεός.
Διὰ τῆς Θεοτόκου ἐλέησον ἡμᾶς.

Κύριε, ἐλέησον ιβ′ καὶ αἱ ἐπόμεναι εὐχαί·

Ψαλμὸς ΡΚ′ (120)

Ἦρα τοὺς ὀφθαλμούς μου εἰς τὰ ὄρη,
ὅθεν ἥξει ἡ βοήθειά μου.

Ἡ βοήθειά μου παρὰ Κυρίου
τοῦ ποιήσαντος τὸν οὐρανὸν καὶ τὴν γῆν.

Μὴ δῴης εἰς σάλον τὸν πόδα σου,
μηδὲ νυστάξει ὁ φυλάσσων σε.

Ἰδού, οὐ νυστάξει, οὐδὲ ὑπνώσει
ὁ φυλάσσων τὸν Ἰσραήλ.

Κύριος φυλάξει σε,
Κύριος σκέπη σοι ἐπὶ χεῖρα δεξιάν σου.

Ἡμέρας ὁ ἥλιος οὐ συγκαύσει σε,
οὐδὲ ἡ σελήνη τήν νύκτα.

Κύριος φυλάξει σε ἀπὸ παντὸς κακοῦ,
φυλάξει τὴν ψυχήν σου ὁ Κύριος.

Κύριος φυλάξει τὴν εἴσοδόν σου καὶ τὴν ἔξοδόν σου,
ἀπὸ τοῦ νῦν καὶ ἕως τοῦ αἰῶνος.

Δόξα Πατρὶ καὶ Υἱῷ καὶ Ἁγίῳ Πνεύματι·
καὶ νῦν καὶ ἀεὶ καὶ εἰς τοὺς αἰῶνας τῶν αἰώνων. Ἀμήν.

3

The Creed

I believe in one God,
Father almighty,
Maker of heaven and earth,
and of all things visible and invisible.

And in one Lord, Jesus Christ,
the only-begotten Son of God,
begotten from the Father before all ages,
Light from Light,
true God from true God,
begotten not made,
consubstantial with the Father;
through him all things were made.
For our sake and for our salvation
he came down from heaven,
and was incarnate from the Holy Spirit and the Virgin Mary
and became man.
He was crucified also for us under Pontius Pilate,
and suffered and was buried;
He rose again on the third day,
in accordance with the Scriptures,
and ascended into heaven,
and is seated at the right hand of the Father.
He is coming again in glory to judge the living and the
    dead,
and his kingdom will have no end.

And in the Holy Spirit, the Lord, the Giver of life,
who proceeds from the Father,
who together with Father and Son is worshipped and together
    glorified;
who spoke through the Prophets.
In one, Holy, Catholic, and Apostolic Church.

Τὸ Πιστεύω

Πιστεύω εἰς ἕνα Θεόν,
Πατέρα, Παντοκράτορα,
ποιητὴν οὐρανοῦ καὶ γῆς,
ὁρατῶν τε πάντων καὶ ἀοράτων.

Καὶ εἰς ἕνα Κύριον, Ἰησοῦν Χριστόν,
τὸν Υἱὸν τοῦ Θεοῦ τὸν Μονογενῆ,
τὸν ἐκ τοῦ Πατρὸς γεννηθέντα πρὸ πάντων τῶν αἰώνων·
Φῶς ἐκ Φωτός,
Θεὸν ἀληθινὸν ἐκ Θεοῦ ἀληθινοῦ,
γεννηθέντα οὐ ποιηθέντα,
ὁμοούσιον τῷ Πατρί,
δι' οὗ τὰ πάντα ἐγένετο.
Τὸν δι' ἡμᾶς τούς ἀνθρώπους καὶ διὰ τὴν ἡμετέραν σωτηρίαν
κατελθόντα ἐκ τῶν οὐρανῶν
καὶ σαρκωθέντα ἐκ Πνεύματος Ἁγίου καὶ Μαρίας τῆς
   Παρθένου
καὶ ἐνανθρωπήσαντα.
Σταυρωθέντα τε ὑπὲρ ἡμῶν ἐπὶ Ποντίου Πιλάτου
καὶ παθόντα καὶ ταφέντα.
Καὶ ἀναστάντα τῇ τρίτῃ ἡμέρᾳ
κατὰ τὰς Γραφάς.
Καὶ ἀνελθόντα εἰς τοὺς οὐρανούς,
καὶ καθεζόμενον ἐκ δεξιῶν τοῦ Πατρός.
Καὶ πάλιν ἐρχόμενον μετὰ δόξης κρῖναι ζῶντας καὶ νεκρούς,
οὗ τῆς Βασιλείας οὐκ ἔσται τέλος.

Καὶ εἰς τὸ Πνεῦμα τὸ Ἅγιον, τὸ Κύριον, τὸ Ζωοποιόν,
τὸ ἐκ τοῦ Πατρὸς ἐκπορευόμενον,
τὸ σὺν Πατρὶ καὶ Υἱῷ συμπροσκυνούμενον καὶ
   συνδοξαζόμενον,
τὸ λαλῆσαν διὰ τῶν Προφητῶν.
Εἰς Μίαν, Ἁγίαν, Καθολικὴν καὶ Ἀποστολικὴν Ἐκκλησίαν.

4

I confess one Baptism for the forgiveness of sins.
I await the resurrection of the dead
and the life of the age to come. Amen.

Prayer of Thanksgiving with Intercession

Having risen from sleep I thank you, O Holy Trinity,
because through your great goodness and long-suffering
you have not been angry with me, an idler and a sinner,
nor have you destroyed me in my iniquities,
but have shown your customary love for humankind
and roused me, as I lay in despair,
to rise before dawn and to glorify your might.
And now, enlighten the eyes of my mind
and open my mouth to meditate on your words,
to understand your commandments, to do your will,
to sing to you with a thankful heart
and to praise your all-holy name,
of Father, Son, and Holy Spirit,
now and for ever, and to the ages of ages. Amen.

Another Prayer

Glory to you, O King, almighty God,
because in your divine providence and love for humankind
you have permitted me, sinner and unworthy,
to rise from sleep and to gain entrance to your holy house.

Accept, too, Lord, the voice of my supplication,
as you do that of your holy and spiritual Powers,
and be well pleased for praise to be offered to you with a pure
    heart
and a spirit of humility from my sordid lips,
that I too may become a companion of the prudent Virgins
with the shining lamp of my soul

Ὁμολογῶ ἓν βάπτισμα εἰς ἄφεσιν ἁμαρτιῶν.
Προσδοκῶ ἀνάστασιν νεκρῶν,
καὶ ζωὴν τοῦ μέλλοντος αἰῶνος. Ἀμήν.

Εὐχαριστήριος εὐχὴ μεθ᾽ ἱκεσίας

Ἐκ τοῦ ὕπνου ἐξανιστάμενος εὐχαριστῶ σοι, Ἁγία Τριάς,
ὅτι διὰ τὴν πολλήν σου ἀγαθότητα καὶ μακροθυμίαν
οὐκ ὠργίσθης ἐμοὶ τῷ ῥαθύμῳ καὶ ἁμαρτωλῷ,
οὐδὲ συναπώλεσάς με ταῖς ἀνομίαις μου,
ἀλλ᾽ ἐφιλανθρωπεύσω συνήθως
καὶ πρὸς ἀπόγνωσιν κείμενον ἤγειράς με,
εἰς τὸ ὀρθρίσαι καὶ δοξολογῆσαι τὸ κράτος σου.
Καὶ νῦν φώτισόν μου τὰ ὄμματα τῆς διανοίας,
ἄνοιξόν μου τὸ στόμα, τοῦ μελετᾶν τὰ λόγιά σου
καὶ συνιέναι τὰς ἐντολάς σου καὶ ποιεῖν τὸ θέλημά σου
καὶ ψάλλειν σοι ἐν ἐξομολογήσει καρδίας
καὶ ἀνυμνεῖν τὸ πανάγιον ὄνομά σου,
τοῦ Πατρὸς καὶ τοῦ Υἱοῦ καὶ τοῦ Ἁγίου Πνεύματος,
νῦν καὶ ἀεὶ καὶ εἰς τοὺς αἰῶνας τῶν αἰώνων. Ἀμήν.

Εὐχὴ ἑτέρα

Δόξα σοι, Βασιλεῦ, Θεὲ Παντοκράτορ·
ὅτι τῇ θείᾳ σου καὶ φιλανθρώπῳ προνοίᾳ
ἠξίωσάς με τὸν ἁμαρτωλὸν καὶ ἀνάξιον
ἐξ ὕπνου ἀναστῆναι καὶ τυχεῖν τῆς εἰσόδου τοῦ ἁγίου
    σου οἴκου.

Δέξαι, Κύριε, καὶ τὴν φωνὴν τῆς δεήσεώς μου,
ὡς τῶν ἁγίων καὶ νοερῶν σου Δυνάμεων·
καὶ εὐδόκησον ἐν καρδίᾳ καθαρᾷ
καὶ πνεύματι ταπεινώσεως
προσενεχθῆναί σοι τὴν ἐκ τῶν ῥυπαρῶν χειλέων μου αἴνεσιν·
ὅπως κἀγὼ κοινωνὸς γένωμαι τῶν φρονίμων Παρθένων,
ἐν φαιδρᾷ λαμπηδόνι τῆς ψυχῆς μου,

and may glorify you, God the Word,
who are glorified with the Father and the Spirit. Amen.

Prayer of Saint Basil the Great

Said daily, except on Saturdays

We bless you, most high God and Lord of mercy,
for you always do great and unfathomable things for us,
things glorious and wonderful without number,
and have given us sleep for the refreshment of our weakness
and the relaxation of the toils of our much wearied flesh.

We thank you that you have not destroyed us in our iniquities,
but have shown your customary love for humankind
and raised us up, as we lay in despair, to glorify your might.

And so we implore your limitless goodness,
enlighten the eyes of our understanding,
and raise our mind from the heavy sleep of idleness.

Open our mouths and fill them with your praise,
that we may be able to sing and chant you continually,
and to give you thanks, God glorified in all and by all,
the Father who is without beginning,
with your only-begotten Son,
and your all-holy, good, and life-giving Spirit,
now and for ever, and to the ages of ages. Amen.

καὶ δοξάζω σέ, τὸν ἐν Πατρὶ καὶ Πνεύματι
δοξαζόμενον Θεὸν Λόγον. Ἀμήν.

Εὐχὴ τοῦ Μεγάλου Βασιλείου

Ἀναγινώσκεται καθ' ἑκάστην πλὴν τοῦ Σαββάτου.

Σὲ εὐλογοῦμεν, ὕψιστε Θεὲ καὶ Κύριε τοῦ ἐλέους,
τὸν ποιοῦντα ἀεὶ μεθ' ἡμῶν μεγάλα τε καὶ ἀνεξιχνίαστα,
ἔνδοξά τε καὶ ἐξαίσια, ὧν οὐκ ἔστιν ἀριθμός·
τὸν παρασχόντα ἡμῖν τὸν ὕπνον εἰς ἀνάπαυσιν τῆς ἀσθενείας
    ἡμῶν
καὶ ἄνεσιν τῶν κόπων τῆς πολυμόχθου σαρκός.

Εὐχαριστοῦμέν σοι, ὅτι οὐ συναπώλεσας ἡμᾶς ταῖς ἀνομίαις
    ἡμῶν,
ἀλλ' ἐφιλανθρωπεύσω συνήθως
καὶ πρὸς ἀπόγνωσιν κειμένους ἡμᾶς ἤγειρας εἰς τὸ
    δοξολογῆσαι τὸ κράτος σου.

Διὸ δυσωποῦμεν τὴν ἀνείκαστόν σου ἀγαθότητα,
φώτισον ἡμῶν τοὺς τῆς διανοίας ὀφθαλμοὺς
καὶ τὸν νοῦν ἡμῶν ἐκ τοῦ βαρέος ὕπνου τῆς ῥαθυμίας
    ἀνάστησον.

Ἄνοιξον ἡμῶν τὸ στόμα καὶ πλήρωσον αὐτὸ τῆς αἰνέσεως,
ὅπως ἂν δυνηθῶμεν ἀπερισπάστως ᾄδειν τε καὶ ψάλλειν
καὶ ἐξομολογεῖσθαί σοι τῷ ἐν πᾶσι καὶ ὑπὸ πάντων
    δοξαζομένῳ Θεῷ,
τῷ ἀνάρχῳ Πατρί,
σὺν τῷ μονογενεῖ σου Υἱῷ
καὶ τῷ παναγίῳ καὶ ἀγαθῷ καὶ ζωοποιῷ σου Πνεύματι,
νῦν καὶ ἀεὶ καὶ εἰς τοὺς αἰῶνας τῶν αἰώνων. Ἀμήν.

Another Prayer

We praise, hymn, bless, and give you thanks,
O God of our Fathers,
that you have made the shades of night pass away
and have shown us once again the light of day.
But we implore your goodness:
be merciful to our sins and accept our entreaty
in your great compassion,
because we take refuge in you,
the merciful and all-powerful God.
Make the true Sun of your justice shine in our hearts,
enlighten our mind and watch over all our senses,
so that, walking virtuously in the way of your commandments
   as in the day,
we may attain eternal life,
because with you is the source of life,
and that we may be found worthy to live in the delight
of your unapproachable light.

For you are our God and to you we give glory,
to the Father, the Son, and the Holy Spirit,
now and for ever, and to the ages of ages. Amen.

A Prayer for the Departed

Said on Saturdays

Remember, O Lord, those who have fallen asleep
in hope of resurrection to eternal life,
our fathers and mothers, brothers and sisters,
and all those who have died in piety and faith;
and pardon them every offence,
willing and unwilling,

Εὐχὴ ἑτέρα

Αἰνοῦμεν, ὑμνοῦμεν, εὐλογοῦμεν, καὶ εὐχαριστοῦμέν σοι,
ὁ Θεὸς τῶν Πατέρων ἡμῶν,
ὅτι παρήγαγες τὴν σκιὰν τῆς νυκτὸς
καὶ ἔδειξας ἡμῖν πάλιν τὸ φῶς τῆς ἡμέρας.
Ἀλλ' ἱκετεύομεν τὴν σὴν ἀγαθότητα·
Ἱλάσθητι ταῖς ἁμαρτίαις ἡμῶν καὶ πρόσδεξαι τὴν δέησιν
ἡμῶν
ἐν τῇ μεγάλῃ σου εὐσπλαγχνίᾳ,
ὅτι πρὸς σὲ καταφεύγομεν,
τὸν ἐλεήμονα καὶ παντοδύναμον Θεόν.
Λάμψον ἐν ταῖς καρδίαις ἡμῶν τὸν ἀληθινὸν Ἥλιον τῆς
δικαιοσύνης σου·
φώτισον τὸν νοῦν ἡμῶν καὶ τὰς αἰσθήσεις ὅλας διατήρησον,
ἵνα, ὡς ἐν ἡμέρᾳ εὐσχημόνως περιπατοῦντες τὴν ὁδὸν τῶν
ἐντολῶν σου,
καταντήσωμεν εἰς τὴν ζωὴν τὴν αἰώνιον,
ὅτι παρὰ σοί ἐστιν ἡ πηγὴ τῆς ζωῆς,
καὶ ἐν ἀπολαύσει γενέσθαι καταξιωθῶμεν
τοῦ ἀπροσίτου φωτός.

Ὅτι σὺ εἶ ὁ Θεὸς ἡμῶν καὶ σοὶ τὴν δόξαν ἀναπέμπομεν,
τῷ Πατρὶ καὶ τῷ Υἱῷ καὶ τῷ Ἁγίῳ Πνεύματι,
νῦν καὶ ἀεὶ καὶ εἰς τοὺς αἰῶνας τῶν αἰώνων. Ἀμήν.

Εὐχὴ διὰ τοὺς Κεκοιμημένους

Ἀναγινωσκομένη κατὰ τὴν ἡμέραν τοῦ Σαββάτου.

Μνήσθητι, Κύριε, τῶν ἐπ' ἐλπίδι ἀναστάσεως
ζωῆς αἰωνίου κεκοιμημένων
πατέρων καὶ μητέρων καὶ ἀδελφῶν ἡμῶν
καὶ πάντων τῶν ἐν εὐσεβείᾳ καὶ πίστει τελειωθέντων,
καὶ συγχώρησον αὐτοῖς πᾶν πλημμέλημα
ἑκούσιόν τε καὶ ἀκούσιον,

in word or deed or thought,
by which they have offended.

Settle them in places of light,
places of green pasture,
places of rest,
from which all sorrow, grief, and sighing have fled,
where the presence of your face gives joy to all your Saints from
    every age.

Grant them and us your Kingdom,
and participation in your ineffable and eternal good things,
and the enjoyment of your infinite and blessed life.

For you are the life, the resurrection, and the repose
of your servants who have fallen asleep, Christ our God,
and to you we give glory,
together with your Father who is without beginning,
and your all-holy, good, and life-giving Spirit,
now and for ever, and to the ages of ages. Amen.

Prayer of Saint Efstratios

Said on Saturdays

I magnify you greatly, Lord,
because you have looked on my lowliness
and have not hemmed me into the hands of my foes,
but have saved my soul from constraints.

And now, Master, let your hand protect me
and your mercy come upon me,
for my soul is troubled and greatly afflicted
at its departure from this wretched and soiled body.

May the evil plan of the adversary never confront and
    obstruct it

ἐν λόγῳ ἢ ἔργῳ ἢ κατὰ διάνοιαν
πλημμεληθὲν ὑπ' αὐτῶν.

Καὶ κατασκήνωσον αὐτοὺς ἐν τόποις φωτεινοῖς,
ἐν τόποις χλοεροῖς,
ἐν τόποις ἀναψύξεως,
ἔνθα ἀπέδρα πᾶσα ὀδύνη, λύπη καὶ στεναγμός,
ὅπου ἡ ἐπισκοπὴ τοῦ προσώπου σου εὐφραίνει πάντας τοὺς
ἀπ' αἰῶνος Ἁγίους σου.

Χάρισαι αὐτοῖς καὶ ἡμῖν τὴν βασιλείαν σου
καί τὴν μέθεξιν τῶν ἀφράστων καὶ αἰωνίων σου ἀγαθῶν
καὶ τῆς σῆς ἀπεράντου καὶ μακαρίας ζωῆς τὴν ἀπόλαυσιν.

Σὺ γὰρ εἶ ἡ ζωή, ἡ ἀνάστασις καὶ ἡ ἀνάπαυσις
τῶν κεκοιμημένων δούλων σου, Χριστὲ ὁ Θεὸς ἡμῶν,
καὶ σοὶ τὴν δόξαν ἀναπέμπομεν,
σὺν τῷ ἀνάρχῳ σου Πατρὶ
καὶ τῷ παναγίῳ καὶ ἀγαθῷ καὶ ζωοποιῷ σου Πνεύματι,
νῦν καὶ ἀεὶ καὶ εἰς τοὺς αἰῶνας τῶν αἰώνων. Ἀμήν.

Εὐχὴ τοῦ ἁγίου Εὐστρατίου

Ἀναγινωσκομένη τῷ Σαββάτῳ.

Μεγαλύνων μεγαλύνω σε, Κύριε,
ὅτι ἐπεῖδες ἐπὶ τὴν ταπείνωσίν μου
καὶ οὐ συνέκλεισάς με εἰς χεῖρας ἐχθρῶν,
ἀλλ' ἔσωσας ἐκ τῶν ἀναγκῶν τὴν ψυχήν μου.

Καὶ νῦν, Δέσποτα, σκεπασάτω με ἡ χείρ σου
καὶ ἔλθοι ἐπ' ἐμὲ τὸ ἔλεός σου,
ὅτι τετάρακται ἡ ψυχή μου καὶ κατώδυνός ἐστιν
ἐν τῷ ἐκπορεύεσθαι αὐτὴν ἐκ τοῦ ἀθλίου μου καὶ ῥυπαροῦ
σώματος τούτου.

Μή ποτε ἡ πονηρὰ τοῦ ἀντικειμένου βουλὴ συναστήσῃ καὶ
παρεμποδίσῃ αὐτὴν

because of the many sins committed by me in this life
in knowledge and in ignorance.

Be merciful to me, Master,
and do not let my soul see the dark and gloomy sight of the evil
    demons;
but may your bright and shining Angels receive it.

Give glory to your holy name,
and bring me by your power to your divine judgement seat.

When I am judged, do not let the hand of the ruler of this world
    seize me
to cast me, sinner that I am, into the depths of Hell;
but stand by me and be my saviour and my helper.

Have mercy, Lord, on my soul stained with the passions of life,
and receive it made pure through repentance and confession;
for you are blessed to the ages of ages. Amen.

Then

It is truly right to call you blessed,
who gave birth to God,
ever-blessed and most pure and Mother of our God.

Greater in honour than the Cherubim
and beyond compare more glorious than the Seraphim,
without corruption you gave birth to God the Word;
truly the Mother of God, we magnify you.

Then the following Troparia

Virgin Mother of God,
Hail, Mary, full of grace,

διὰ τὰς ἐν ἀγνοίᾳ καὶ γνώσει ἐν τῷ βίῳ τούτῳ
γενομένας μοι ἁμαρτίας.

Ἵλεως γενοῦ μοι, Δέσποτα,
καὶ μὴ ἰδέτω ἡ ψυχή μου τὴν ζοφερὰν καὶ σκοτεινὴν ὄψιν τῶν
    πονηρῶν δαιμόνων·
ἀλλὰ παραλαβέτωσαν αὐτὴν Ἄγγελοί σου φαιδροὶ καὶ
    φωτεινοί.

Δὸς δόξαν τῷ ὀνόματί σου τῷ ἁγίῳ,
καὶ τῇ σῇ δυνάμει ἀνάγαγέ με εἰς τὸ θεῖόν σου βῆμα.

Ἐν τῷ κρίνεσθαί με μὴ καταλάβοι με ἡ χεὶρ τοῦ ἄρχοντος
    τοῦ κόσμου τούτου,
εἰς τὸ κατασπάσαι με τὸν ἁμαρτωλὸν εἰς βυθὸν Ἅδου,
ἀλλὰ παράστηθί μοι καὶ γενοῦ μοι σωτὴρ καὶ ἀντιλήπτωρ.

Ἐλέησον, Κύριε, τὴν ῥυπωθεῖσαν τοῖς πάθεσι τοῦ βίου ψυχήν
    μου
καὶ καθαρὰν αὐτὴν διὰ μετανοίας καὶ ἐξομολογήσεως
    πρόσδεξαι·
ὅτι εὐλογητὸς εἶ εἰς τοὺς αἰῶνας τῶν αἰώνων. Ἀμήν.

Εἶτα

Ἄξιόν ἐστιν, ὡς ἀληθῶς, μακαρίζειν σε
τὴν Θεοτόκον,
τὴν ἀειμακάριστον καὶ παναμώμητον καὶ Μητέρα τοῦ Θεοῦ
    ἡμῶν.

Τὴν τιμιωτέραν τῶν Χερουβεὶμ
καὶ ἐνδοξοτέραν ἀσυγκρίτως τῶν Σεραφείμ,
τὴν ἀδιαφθόρως Θεὸν Λόγον τεκοῦσαν,
τὴν ὄντως Θεοτόκον, σέ μεγαλύνομεν.

Εἶτα τὰ παρόντα τροπάρια.

Θεοτόκε παρθένε,
Χαῖρε κεχαριτωμένη Μαρία,

9

the Lord is with you.
Blessed are you among women,
and blessed is the fruit of your womb,
for you gave birth to the Saviour of our souls.

Baptist of Christ, remember us all,
that we may be delivered from our transgressions,
for you have been given grace to intercede for us.

Glory to the Father, and to the Son, and to the Holy Spirit.

Pray for us, holy Apostles and all the Saints,
that we may be delivered from dangers and afflictions,
for in you we have gained fervent advocates with the Saviour.

Both now and for ever, and to the ages of ages. Amen.

Beneath your compassion we take refuge, Mother of God.
Do not despise our petitions in trouble,
but rescue us from dangers, only pure, only blessed one.

Prayer of Saint Ioannikios

The Father is my hope,
the Son my refuge,
the Holy Spirit my protection.
Holy Trinity, glory to you.

Prayer to the Most Holy Mother of God

All my hope I place in you, Mother of God,
guard me under your protection.

ὁ Κύριος μετὰ σοῦ.
Εὐλογημένη σὺ ἐν γυναιξὶ
καὶ εὐλογημένος ὁ καρπὸς τῆς κοιλίας σου,
ὅτι Σωτῆρα ἔτεκες τῶν ψυχῶν ἡμῶν.

Βαπτιστὰ τοῦ Χριστοῦ, πάντων ἡμῶν μνήσθητι,
ἵνα ῥυσθῶμεν τῶν ἀνομιῶν ἡμῶν.
Σοὶ γὰρ ἐδόθη χάρις πρεσβεύειν ὑπὲρ ἡμῶν.

Δόξα Πατρὶ καὶ Υἱῷ καὶ Ἁγίῳ Πνεύματι.

Ἱκετεύσατε ὑπὲρ ἡμῶν, ἅγιοι Ἀπόστολοι καὶ Ἅγιοι πάντες,
ἵνα ῥυσθῶμεν κινδύνων καὶ θλίψεων·
ὑμᾶς γὰρ θερμοὺς προστάτας πρὸς τὸν Σωτῆρα κεκτήμεθα.

Καὶ νῦν καὶ ἀεὶ καὶ εἰς τοὺς αἰῶνας τῶν αἰώνων. Ἀμήν.

Ὑπὸ τὴν σὴν εὐσπλαγχνίαν καταφεύγομεν, Θεοτόκε·
τὰς ἡμῶν ἱκεσίας μὴ παρίδῃς ἐν περιστάσει,
ἀλλ᾽ ἐκ κινδύνων λύτρωσαι ἡμᾶς, μόνη ἁγνή, μόνη
εὐλογημένη.

Εὐχὴ τοῦ ὁσίου Ἰωαννικίου

Ἡ ἐλπίς μου ὁ Πατήρ,
καταφυγή μου ὁ Υἱός,
σκέπη μου τὸ Πνεῦμα τὸ Ἅγιον.
Τριὰς Ἁγία, δόξα σοι.

Εὐχὴ εἰς τὴν Ὑπεραγίαν Θεοτόκον

Τὴν πᾶσαν ἐλπίδα μου εἰς σὲ ἀνατίθημι, Μῆτερ τοῦ Θεοῦ·
φύλαξόν με ὑπὸ τὴν σκέπην σου.

Litany

Let us pray for the peace of the world.

Lord, have mercy. (*After each petition*)

For our Archbishop *N.*, and all our fellow Orthodox.

For our Sovereign *N.* and all in authority.

For those who are absent.

For those who hate us and for those who love us.

For those who are merciful to us and serve us.

For those who have asked us, unworthy though we are, to pray for them.

For the release of prisoners.

For those who travel by land, sea, and air.

For those who lie in sickness.

Let us pray for an abundance of the fruits of the earth.

And for the souls of all Orthodox Christians.

Let us bless devout Rulers.

Orthodox High Priests.

Our parents and teachers, and all our departed brothers and sisters, Orthodox believers, who here and in all the world lie asleep in the Lord.

Let us say also for ourselves: Lord, have mercy, Lord, have mercy, Lord, have mercy.

Through the prayers of our holy fathers, Lord Jesus Christ, our God, have mercy on us. Amen.

ΕΩΘΙΝΑΙ ΠΡΟΣΕΥΧΑΙ

Συναπτή

Εὐξώμεθα ὑπὲρ εἰρήνης τοῦ κόσμου.

(*Εἰς ἑκάστην εὐχὴν ἀπαντῶμεν* Κύριε, ἐλέησον).

Ὑπὲρ τοῦ Ἀρχιεπισκόπου ἡμῶν (*δεῖνος*) καὶ πάσης τῆς ἐν Χριστῷ ἡμῶν ἀδελφότητος.

Ὑπὲρ τῶν εὐσεβεστάτων καὶ θεοφυλάκτων βασιλέων ἡμῶν.

Ὑπὲρ τῶν ἀπολειφθέντων ἀδελφῶν ἡμῶν.

Ὑπὲρ τῶν μισούντων καὶ ἀγαπώντων ἡμᾶς.

Ὑπὲρ τῶν ἐλεούντων καὶ διακονούντων ἡμῖν.

Ὑπὲρ τῶν ἐντειλαμένων ἡμῖν τοῖς ἀναξίοις εὔχεσθαι ὑπὲρ αὐτῶν.

Ὑπὲρ ἀναρρύσεως τῶν αἰχμαλώτων.

Ὑπὲρ τῶν ἐν γῇ καὶ θαλάσσῃ καὶ ἀέρι ὁδοιπορούντων.

Ὑπὲρ τῶν ἐν ἀσθενείαις κατακειμένων.

Εὐξώμεθα καὶ ὑπὲρ εὐφορίας τῶν καρπῶν τῆς γῆς.

Καὶ ὑπὲρ πάσης ψυχῆς χριστιανῶν ὀρθοδόξων.

Μακαρίσωμεν τοὺς εὐσεβεῖς βασιλεῖς.

Τοὺς ὀρθοδόξους ἀρχιερεῖς.

Τοὺς γονεῖς ἡμῶν καὶ διδασκάλους καὶ πάντας τοὺς προαπελθόντας ἀδελφοὺς καὶ ἀδελφὰς ἡμῶν, τοὺς ἐνθάδε εὐσεβῶς κειμένους ἐν τῷ Κυρίῳ καὶ ἀπανταχοῦ ὀρθοδόξους.

Εἴπωμεν καὶ ὑπὲρ ἑαυτῶν, τὸ Κύριε, ἐλέησον (*τρίς*).

Δι' εὐχῶν τῶν ἁγίων πατέρων ἡμῶν, Κύριε Ἰησοῦ Χριστέ, ὁ Θεὸς ἡμῶν, ἐλέησον ἡμᾶς. Ἀμήν.

EVENING PRAYERS

In the name of the Father, and of the Son, and of the Holy
Spirit. Amen.

Heavenly King, Paraclete, Spirit of truth,
present everywhere, filling all things,
Treasury of blessings and Giver of life,
come and dwell in us,
cleanse us from every stain,
and, O Good One, save our souls.

Trisagion etc. page 1.

Then the following Troparia.

As I come to the end of the day, I thank you, Lord,
and I ask that the evening and the night may be without sin.
Grant me this, O Saviour, and save me.

Glory to the Father, and to the Son, and to the Holy Spirit.

As I reach the end of the day, I glorify you, Master,
and I ask that the evening and the night may be without
stumbling.
Grant me this, O Saviour, and save me.

Both now and for ever, and to the ages of ages. Amen.

As I pass to the end of the day, I praise you, Holy One,
and I ask that the evening and the night may be without assault.
Grant me this, O Saviour, and save me.

Lord, have mercy *(x12), and the following prayer for children.*

Lord Jesus Christ, who received the children who came to you,
receive this evening prayer from the lips of me, your child.
Shelter me in the shadow of your wings

ΕΣΠΕΡΙΝΑΙ ΠΡΟΣΕΥΧΑΙ

Εἰς τὸ ὄνομα τοῦ Πατρὸς καὶ τοῦ Υἱοῦ καὶ τοῦ Ἁγίου Πνεύματος. Ἀμήν.

Βασιλεῦ οὐράνιε, Παράκλητε, τὸ Πνεῦμα τῆς ἀληθείας,
ὁ πανταχοῦ παρὼν καὶ τὰ πάντα πληρῶν,
ὁ θησαυρὸς τῶν ἀγαθῶν καὶ ζωῆς χορηγός,
ἐλθὲ καὶ σκήνωσον ἐν ἡμῖν
καὶ καθάρισον ἡμᾶς ἀπὸ πάσης κηλῖδος
καὶ σῶσον, Ἀγαθέ, τὰς ψυχὰς ἡμῶν.

Τρισάγιον κλπ. (βλ. σελ. 1).

Εἶτα τὰ παρόντα τροπάρια.

Τὴν ἡμέραν διελθών, εὐχαριστῶ σοι, Κύριε·
τὴν ἑσπέραν αἰτοῦμαι σὺν τῇ νυκτὶ ἀναμάρτητον
παράσχου μοι, Σωτήρ, καὶ σῶσόν με.

Δόξα Πατρὶ καὶ Υἱῷ καὶ Ἁγίῳ Πνεύματι.

Τὴν ἡμέραν παρελθών, δοξολογῶ σε, Δέσποτα·
τὴν ἑσπέραν αἰτοῦμαι σὺν τῇ νυκτὶ ἀσκανδάλιστον
παράσχου μοι, Σωτήρ, καὶ σῶσόν με.

Καὶ νῦν καὶ ἀεὶ καὶ εἰς τοὺς αἰῶνας τῶν αἰώνων. Ἀμήν.

Τὴν ἡμέραν διαβάς, ὑμνολογῶ σε, Ἅγιε·
τὴν ἑσπέραν αἰτοῦμαι σὺν τῇ νυκτὶ ἀνεπίβουλον
παράσχου μοι, Σωτήρ, καὶ σῶσόν με.

Κύριε, ἐλέησον *ιβ΄ καὶ τὴν εὐχὴν ταύτην διὰ τοὺς παῖδας.*

Κύριε Ἰησοῦ Χριστέ, ὁ προσδεξάμενος τὰ παιδία ἐλθόντα
   πρὸς σέ,
πρόσδεξαι καὶ ἐκ τῶν χειλέων ἐμοῦ τοῦ παιδός σου τήν
   ἑσπερινὴν ταύτην δέησιν.
Σκέπασόν με ἐν τῇ σκέπῃ τῶν πτερύγων σου,

that I may lie down and sleep in peace;
and wake me at the proper time to give you glory,
for you alone are good and love humankind.

Or the following for adults.

Lord our God,
if I have sinned in anything today
in word, deed, and thought,
forgive me all, as you are good and love humankind.

Grant me sleep that is peaceful and undisturbed
and deliver me from the assault and attack of the evil one.

Rouse me at the proper time to give you glory,
for you are blessed,
together with your only-begotten Son
and your all-holy Spirit,
now and for ever, and to the ages of ages. Amen.

Psalm 50

Have mercy on me, O God,
in accordance with your great mercy.
According to the abundance of your compassion
blot out my offence.

Wash me thoroughly from my iniquity,
and cleanse me from my sin.
For I acknowledge my iniquity,
and my sin is ever before me.

Against you alone I have sinned
and done what is evil in your sight,
that you may be justified in your words
and win when you are judged.

ἵνα ἐν εἰρήνῃ κοιμηθήσωμαι καὶ ὑπνώσω·
καὶ διέγειρόν με ἐν καιρῷ εὐθέτῳ πρὸς σὴν δοξολογίαν,
ὡς μόνος ἀγαθὸς καὶ φιλάνθρωπος.

Ἢ τὴν ἑπομένην διὰ τοὺς προβεβηκότας.

Κύριε ὁ Θεὸς ἡμῶν,
εἴ τι ἥμαρτον ἐν τῇ ἡμέρᾳ ταύτῃ,
λόγῳ, ἔργῳ, καὶ διανοίᾳ,
πάντα μοι ὡς ἀγαθὸς καὶ φιλάνθρωπος συγχώρησον.

Ὕπνον εἰρηνικὸν καὶ ἀτάραχον δώρησαί μοι
καὶ ῥῦσαί με ἀπὸ πάσης ἐπηρείας καὶ ἐπιβουλῆς τοῦ
    πονηροῦ.

Διανάστησον δέ με ἐν καιρῷ εὐθέτῳ πρὸς σὴν δοξολογίαν,
ὅτι εὐλογητὸς εἶ
σὺν τῷ μονογενεῖ σου Υἱῷ
καὶ τῷ παναγίῳ σου Πνεύματι,
νῦν καὶ ἀεὶ καὶ εἰς τοὺς αἰῶνας τῶν αἰώνων. Ἀμήν.

Ψαλμὸς Ν΄ (50)

Ἐλέησόν με, ὁ Θεός,
κατὰ τὸ μέγα ἔλεός σου.
Καὶ κατὰ τὸ πλῆθος τῶν οἰκτιρμῶν σου
ἐξάλειψον τὸ ἀνόμημά μου.

Ἐπὶ πλεῖον πλῦνόν με ἀπὸ τῆς ἀνομίας μου
καὶ ἀπὸ τῆς ἁμαρτίας μου καθάρισόν με.
Ὅτι τὴν ἀνομίαν μου ἐγὼ γινώσκω,
καὶ ἡ ἁμαρτία μου ἐνώπιόν μού ἐστι διὰ παντός.

Σοὶ μόνῳ ἥμαρτον,
καὶ τὸ πονηρὸν ἐνώπιόν σου ἐποίησα,
ὅπως ἂν δικαιωθῇς ἐν τοῖς λόγοις σου,
καὶ νικήσῃς ἐν τῷ κρίνεσθαί σε.

For see, in iniquities I was conceived
and in sins my mother bore me.
For see, you have loved truth;
you have shown me the hidden and secret things of your
wisdom.

You will sprinkle me with hyssop
and I shall be cleansed.
You will wash me
and I shall be made whiter than snow.

You will make me hear of joy and gladness;
the bones which have been humbled will rejoice.
Turn away your face from my sins
and blot out all my iniquities.

Create a clean heart in me, O God,
and renew a right Spirit within me.
Do not cast me out from your presence,
and do not take your Holy Spirit from me.

Give me back the joy of your salvation,
and establish me with your sovereign Spirit.
I will teach transgressors your ways,
and sinners will turn to you again.

O God, the God of my salvation, deliver me from bloodshed
and my tongue will rejoice at your justice.
Lord, you will open my lips,
and my mouth will proclaim your praise.

For if you had wanted a sacrifice, I would have given it.
You will not take pleasure in whole burnt offerings.
A sacrifice to God is a broken spirit.
A broken and a humbled heart God will not despise.

Do good to Sion, Lord, in your good pleasure,
and let the walls of Jerusalem be rebuilt.

Ἰδοὺ γὰρ ἐν ἀνομίαις συνελήφθην,
καὶ ἐν ἁμαρτίαις ἐκίσσησέ με ἡ μήτηρ μου.
Ἰδοὺ γὰρ ἀλήθειαν ἠγάπησας,
τὰ ἄδηλα καὶ τὰ κρύφια τῆς σοφίας σου ἐδήλωσάς μοι.

Ῥαντιεῖς με ὑσσώπῳ,
καὶ καθαρισθήσομαι·
πλυνεῖς με,
καὶ ὑπὲρ χιόνα λευκανθήσομαι·

Ἀκουτιεῖς μοι ἀγαλλίασιν καὶ εὐφροσύνην,
ἀγαλλιάσονται ὀστέα τεταπεινωμένα.
Ἀπόστρεψον τὸ πρόσωπόν σου ἀπὸ τῶν ἁμαρτιῶν μου,
καὶ πάσας τὰς ἀνομίας μου ἐξάλειψον.

Καρδίαν καθαρὰν κτίσον ἐν ἐμοί, ὁ Θεός,
καὶ πνεῦμα εὐθὲς ἐγκαίνισον ἐν τοῖς ἐγκάτοις μου.
Μὴ ἀπορρίψῃς με ἀπὸ τοῦ προσώπου σου,
καὶ τὸ Πνεῦμά σου τὸ Ἅγιον μή ἀντανέλῃς ἀπ' ἐμοῦ.

Ἀπόδος μοι τὴν ἀγαλλίασιν τοῦ σωτηρίου σου,
καὶ πνεύματι ἡγεμονικῷ στήριξόν με.
Διδάξω ἀνόμους τὰς ὁδούς σου,
καὶ ἀσεβεῖς ἐπὶ σὲ ἐπιστρέψουσι.

Ῥῦσαί με ἐξ αἱμάτων, ὁ Θεός, ὁ Θεὸς τῆς σωτηρίας μου·
ἀγαλλιάσεται ἡ γλῶσσά μου τὴν δικαιοσύνην σου.
Κύριε, τὰ χείλη μου ἀνοίξεις,
καὶ τὸ στόμα μου ἀναγγελεῖ τὴν αἴνεσίν σου.

Ὅτι εἰ ἠθέλησας θυσίαν, ἔδωκα ἄν·
ὁλοκαυτώματα οὐκ εὐδοκήσεις.
Θυσία τῷ Θεῷ πνεῦμα συντετριμμένον·
καρδίαν συντετριμμένην καὶ τεταπεινωμένην ὁ Θεὸς οὐκ
   ἐξουδενώσει.

Ἀγάθυνον, Κύριε, ἐν τῇ εὐδοκίᾳ σου τὴν Σιών,
καὶ οἰκοδομηθήτω τὰ τείχη Ἱερουσαλήμ.

Then you will be well pleased with a fitting sacrifice,
oblation and whole burnt offerings.
Then they will offer calves upon your altar.

1st Prayer

Lord, compassionate and merciful,
long-suffering and full of mercy,
listen to our prayer and attend to the voice of our supplication.
Make for us a sign for good.
Guide us in your way, to walk in your truth.
Make glad our hearts to fear your holy Name,
because you are great and do wondrous things.
You alone are God,
and there is none like you, Lord, among gods:
powerful in mercy and loving in strength
to help, comfort and save
all those who hope in your holy Name.
For to you belong all glory, honour and worship,
to the Father, the Son, and the Holy Spirit,
now and for ever, and to the ages of ages. Amen.

2nd Prayer

Lord, do not rebuke us in your anger,
nor chastise us in your wrath,
but deal with us in accordance with your kindness,
O physician and healer of our souls.
Guide us to the harbour of your will.
Enlighten the eyes of our hearts to the knowledge of your
    truth
and grant us that the rest of the present day
and the whole time of our life

Τότε εὐδοκήσεις θυσίαν δικαιοσύνης,
ἀναφορὰν καὶ ὁλοκαυτώματα.
Τότε ἀνοίσουσιν ἐπὶ τὸ θυσιαστήριόν σου μόσχους.

Εὐχὴ πρώτη

Κύριε, οἰκτίρμον καὶ ἐλεῆμον,
μακρόθυμε καὶ πολυέλεε,
ἐνώτισαι τὴν προσευχὴν ἡμῶν καὶ πρόσχες τῇ φωνῇ τῆς
  δεήσεως ἡμῶν.
Ποίησον μεθ᾽ ἡμῶν σημεῖον εἰς ἀγαθόν·
ὁδήγησον ἡμᾶς ἐν τῇ ὁδῷ σου, τοῦ πορεύεσθαι ἐν τῇ
  ἀληθείᾳ σου·
εὔφρανον τὰς καρδίας ἡμῶν εἰς τὸ φοβεῖσθαι τὸ ὄνομά σου
  τὸ ἅγιον·
διότι μέγας εἶ σὺ καὶ ποιῶν θαυμάσια·
Σὺ εἶ Θεὸς μόνος
καὶ οὐκ ἔστιν ὅμοιός σοι ἐν θεοῖς, Κύριε,
δυνατὸς ἐν ἐλέει καὶ ἀγαθὸς ἐν ἰσχύϊ,
εἰς τὸ βοηθεῖν καὶ παρακαλεῖν καὶ σῴζειν
πάντας τοὺς ἐλπίζοντας εἰς τὸ ὄνομά σου τὸ ἅγιον.
Ὅτι πρέπει σοι πᾶσα δόξα, τιμὴ καὶ προσκύνησις,
τῷ Πατρὶ καὶ τῷ Υἱῷ καὶ τῷ Ἁγίῳ Πνεύματι,
νῦν καὶ ἀεὶ καὶ εἰς τοὺς αἰῶνας τῶν αἰώνων. Ἀμήν.

Εὐχὴ δευτέρα

Κύριε, μὴ τῷ θυμῷ σου ἐλέγξῃς ἡμᾶς,
μηδὲ τῇ ὀργῇ σου παιδεύσῃς ἡμᾶς,
ἀλλὰ ποίησον μεθ᾽ ἡμῶν κατὰ τὴν ἐπιείκειάν σου,
ἰατρὲ καὶ θεραπευτὰ τῶν ψυχῶν ἡμῶν.
Ὁδήγησον ἡμᾶς ἐπὶ λιμένα θελήματός σου·
φώτισον τοὺς ὀφθαλμοὺς τῶν καρδιῶν ἡμῶν εἰς ἐπίγνωσιν τῆς
  σῆς ἀληθείας·
καὶ δώρησαι ἡμῖν τὸ λοιπὸν τῆς παρούσης ἡμέρας
εἰρηνικὸν καὶ ἀναμάρτητον

may be peaceful and without sin;
at the prayers of the holy Mother of God and of all the Saints.
For yours is the might and yours is the kingdom and the power
    and the glory
of the Father, the Son, and the Holy Spirit,
now and for ever, and to the ages of ages. Amen.

3rd Prayer

At every time and at every hour,
in heaven and on earth
worshipped and glorified, Christ God,
long-suffering, great in mercy, great in compassion,
loving the just and merciful to sinners,
calling all to salvation by the promise of the good things to
    come,
accept our entreaties also at this hour, Lord,
and direct our lives in accordance with your commandments.
Sanctify our souls,
purify our bodies,
correct our thoughts,
cleanse our ideas
and deliver us from every distress, evil, and pain.
Wall us about with your holy Angels,
that, protected and guided by their host,
we may reach the unity of the faith
and the knowledge of your unapproachable glory;
for you are blessed to the ages of ages. Amen.

Then Virgin Mother of God *etc. page 9.*

Through the prayers of our holy fathers, Lord Jesus Christ our
    God, have mercy on us. Amen.

καὶ πάντα τὸν χρόνον τῆς ζωῆς ἡμῶν,
πρεσβείαις τῆς ἁγίας Θεοτόκου καὶ πάντων τῶν ἁγίων.
Ὅτι σὸν τὸ κράτος καὶ σοῦ ἐστιν ἡ βασιλεία καὶ ἡ δύναμις
  καὶ ἡ δόξα
τοῦ Πατρὸς καὶ τοῦ Υἱοῦ καὶ τοῦ Ἁγίου Πνεύματος,
νῦν καὶ ἀεὶ καὶ εἰς τοὺς αἰῶνας τῶν αἰώνων. Ἀμήν.

Εὐχὴ τρίτη

Ὁ ἐν παντὶ καιρῷ καὶ πάσῃ ὥρᾳ
ἐν οὐρανῷ καὶ ἐπὶ γῆς
προσκυνούμενος καὶ δοξαζόμενος Χριστὸς ὁ Θεός,
ὁ μακρόθυμος, ὁ πολυέλεος, ὁ πολυεύσπλαγχνος,
ὁ τοὺς δικαίους ἀγαπῶν καὶ τοὺς ἁμαρτωλοὺς ἐλεῶν,
ὁ πάντας καλῶν πρὸς σωτηρίαν διὰ τῆς ἐπαγγελίας τῶν
  μελλόντων ἀγαθῶν·
Αὐτός, Κύριε, πρόσδεξαι καὶ ἡμῶν ἐν τῇ ὥρᾳ ταύτῃ τὰς
  ἐντεύξεις
καὶ ἴθυνον τὴν ζωὴν ἡμῶν πρὸς τὰς ἐντολάς σου.
Τὰς ψυχὰς ἡμῶν ἁγίασον·
τὰ σώματα ἅγνισον·
τοὺς λογισμοὺς διόρθωσον·
τὰς ἐννοίας κάθαρον·
καὶ ῥῦσαι ἡμᾶς ἀπὸ πάσης θλίψεως κακῶν καὶ ὀδύνης.
Τείχισον ἡμᾶς ἁγίοις σου Ἀγγέλοις,
ἵνα, τῇ παρεμβολῇ αὐτῶν φρουρούμενοι καὶ ὁδηγούμενοι,
καταντήσωμεν εἰς τὴν ἑνότητα τῆς πίστεως
καὶ εἰς τὴν ἐπίγνωσιν τῆς ἀπροσίτου σου δόξης,
ὅτι εὐλογητὸς εἶ εἰς τοὺς αἰῶνας τῶν αἰώνων. Ἀμήν.

Εἶτα Θεοτόκε Παρθένε *κλπ. σελ. 9*

Δι’ εὐχῶν τῶν ἁγίων πατέρων ἡμῶν, Κύριε Ἰησοῦ Χριστέ,
ὁ Θεὸς ἡμῶν, ἐλέησον ἡμᾶς. Ἀμήν.

When about to go to sleep say:

I shall be sheltered in the shadow of your wings and I shall sleep,
for you alone, Lord, have made me dwell in hope.

Into your hands, Lord, I entrust my soul and body.
Bless me yourself and have mercy on me,
and grant me the grace of eternal life. Amen.

ΕΣΠΕΡΙΝΑΙ ΠΡΟΣΕΥΧΑΙ

Μέλλων δὲ ὑπνοῦν λέγε·

Ἐν τῇ σκέπῃ τῶν πτερύγων σου σκεπασθήσομαι καὶ ὑπνώσω· ὅτι σύ, Κύριε, κατὰ μόνας ἐπ᾽ ἐλπίδι κατῴκισάς με.

Εἰς χεῖράς σου, Κύριε, παρατίθημι τὴν ψυχὴν καὶ τὸ σῶμά μου.

Αὐτός με εὐλόγησον, αὐτός με ἐλέησον καὶ ζωὴν τὴν αἰώνιον χάρισαί μοι. Ἀμήν.

17

GRACE BEFORE AND AFTER MEALS

BEFORE THE MIDDAY MEAL

Our Father. Glory. Both now. Lord, have mercy (*three times*).

[*If a priest is present:* Holy Father, give the blessing.

Christ our God, bless the food and drink of your servants, for you are holy, always, now and for ever, and to the ages of ages.

Amen.]

AFTER THE MIDDAY MEAL

Glory. Both now. Lord, have mercy (*three times*).

[*If a priest is present:* Holy Father, give the blessing.

Priest: Christ our God, bless the fragments that remain and multiply them in this household and for all your world, to the ages of ages.

Amen.]

We thank you, Christ our God, for you have filled us this day with your earthly good things. Do not deprive us of your heavenly kingdom, but as you were present among your disciples and gave them peace, come among us too and save us.

Glory. Both now. Lord, have mercy (*three times*).

May the Lord God keep us all by his grace and love for humankind, always, now and for ever, and to the ages of ages. Amen.

ΠΡΟΣΕΥΧΑΙ ΤΡΑΠΕΖΗΣ

ΠΡΟ ΤΟΥ ΓΕΥΜΑΤΟΣ

Πάτερ ἡμῶν. Δόξα. Καὶ νῦν. Κύριε, ἐλέησον (*τρίς*).

[*Εἰ μὲν ὑπάρχει ἱερεύς·* Πάτερ ἅγιε, εὐλόγησον.

Χριστὲ ὁ Θεός, εὐλόγησον τὴν βρῶσιν καὶ τὴν πόσιν τῶν δούλων σου, ὅτι Ἅγιος εἶ πάντοτε, νῦν καὶ ἀεὶ καὶ εἰς τοὺς αἰῶνας τῶν αἰώνων.

Ἀμήν.]

ΜΕΤΑ ΤΟ ΓΕΥΜΑ

Δόξα. Καὶ νῦν. Κύριε, ἐλέησον (*τρίς*).

[*Εἰ μὲν ὑπάρχει ἱερεύς·* Πάτερ ἅγιε, εὐλόγησον.

Χριστὲ ὁ Θεός, εὐλόγησον τὰ περισσεύματα τῶν κλασμάτων, καὶ πλήθυνον αὐτὰ ἐν τῇ οἰκογενείᾳ ταύτῃ καὶ εἰς τὸν κόσμον σου ἅπαντα, πάντοτε νῦν καὶ ἀεὶ καὶ εἰς τοὺς αἰῶνας τῶν αἰώνων.

Ἀμήν.]

Εὐχαριστοῦμέν σοι, Χριστὲ ὁ Θεός ἡμῶν, ὅτι καὶ τῇ παρούσῃ ἡμέρᾳ ἐνέπλησας ἡμᾶς τῶν ἐπιγείων σου ἀγαθῶν· μὴ στερήσῃς ἡμᾶς καὶ τῆς ἐπουρανίου σου βασιλείας, ἀλλ᾽ ὡς ἐν μέσῳ τῶν Μαθητῶν σου παρεγένου, Σωτήρ, τὴν εἰρήνην διδοὺς αὐτοῖς, ἐλθὲ καὶ μεθ᾽ ἡμῶν καὶ σῶσον ἡμᾶς.

Δόξα. Καὶ νῦν. Κύριε, ἐλέησον (*τρίς*).

Διαφυλάξαι Κύριος ὁ Θεὸς πάντας ἡμᾶς, τῇ αὐτοῦ χάριτι καὶ φιλανθρωπίᾳ πάντοτε, νῦν καὶ ἀεὶ καὶ εἰς τοὺς αἰώνων τῶν αἰώνων. Ἀμήν.

BEFORE THE EVENING MEAL

The poor shall eat and be filled.
Those who seek the Lord will praise him;
their hearts will live for ever.

Glory. Both now. Lord, have mercy (*three times*).

[*If a priest is present:* Holy Father, give the blessing.

Christ our God, bless the food and drink of your servants,
for you are holy, always, now and for ever, and to the ages
of ages.

Amen.]

AFTER THE EVENING MEAL

Glory. Both now. Lord, have mercy (*three times*).

[*If a priest is present:* Holy Father, give the blessing.

Priest: Christ our God, bless the fragments that remain and
multiply them in this household and for all your world, to the
ages of ages.

Amen.]

You have made us glad, Lord, by your deeds,
and in the works of your hands we have rejoiced.
The light of your face, Lord, has been marked upon us.
You have given gladness to our hearts.
We have been filled with the fruit of wheat, wine, and oil.
We will lie down in peace and sleep,
for you alone, Lord, have made us dwell in hope.

Glory. Both now. Lord, have mercy (*three times*).

ΠΡΟ ΤΟΥ ΔΕΙΠΝΟΥ

Φάγονται πένητες καὶ ἐμπλησθήσονται,
καὶ αἰνέσουσι Κύριον οἱ ἐκζητοῦντες αὐτόν·
ζήσονται αἱ καρδίαι αὐτῶν εἰς αἰῶνα αἰῶνος.

Δόξα. Καὶ νῦν. Κύριε, ἐλέησον (τρίς).

[Εἰ μὲν ὑπάρχει ἱερεύς· Πάτερ ἅγιε, εὐλόγησον.

Χριστὲ ὁ Θεός, εὐλόγησον τὴν βρῶσιν καὶ τὴν πόσιν τῶν
δούλων σου, ὅτι Ἅγιος εἶ πάντοτε, νῦν καὶ ἀεὶ καὶ εἰς τοὺς
αἰῶνας τῶν αἰώνων.

Ἀμήν.]

ΜΕΤΑ ΤΟ ΔΕΙΠΝΟΝ

Δόξα. Καὶ νῦν. Κύριε, ἐλέησον (τρίς).

[Εἰ μὲν ὑπάρχει ἱερεύς· Πάτερ ἅγιε, εὐλόγησον.

Χριστὲ ὁ Θεός, εὐλόγησον τὰ περισσεύματα τῶν κλασμάτων,
καὶ πλήθυνον αὐτὰ ἐν τῇ οἰκογενείᾳ ταύτῃ καὶ εἰς τὸν κόσμον
σου ἅπαντα, πάντοτε νῦν καὶ ἀεὶ καὶ εἰς τοὺς αἰῶνας τῶν
αἰώνων.

Ἀμήν.]

Εὔφρανας ἡμᾶς, Κύριε, ἐν τοῖς ποιήμασί σου,
καὶ ἐν τοῖς ἔργοις τῶν χειρῶν σου ἠγαλλιασάμεθα.
Ἐσημειώθη ἐφ᾽ ἡμᾶς τὸ φῶς τοῦ προσώπου σου, Κύριε·
ἔδωκας εὐφροσύνην εἰς τὴν καρδίαν ἡμῶν.
Ἀπὸ καρποῦ σίτου, οἴνου καὶ ἐλαίου ἐνεπλήσθημεν.
Ἐν εἰρήνῃ ἐπὶ τὸ αὐτὸ κοιμηθησόμεθα καὶ ὑπνώσομεν,
ὅτι σύ, Κύριε, κατὰ μόνας ἐπ᾽ ἐλπίδι κατῴκισας ἡμᾶς.

Δόξα. Καὶ νῦν. Κύριε, ἐλέησον (τρίς).

Blessed is God, who has mercy on us and feeds us from his rich gifts by his divine grace and love for humankind, always, now and for ever, and to the ages of ages. Amen.

Glory to you, Lord. Glory to you, O Holy One. Glory to you, our King, for you have given us food for our joy. Fill us too with your Holy Spirit, that we may be found well-pleasing before you and not be put to shame when you reward each according to their works. Amen.

ΠΡΟΣΕΥΧΑΙ ΤΡΑΠΕΖΗΣ

Εὐλογητὸς ὁ Θεός, ὁ ἐλεῶν καὶ τρέφων ἡμᾶς ἐκ τῶν αὐτοῦ πλουσίων δωρεῶν, τῇ αὐτοῦ χάριτι καὶ φιλανθρωπίᾳ πάντοτε, νῦν καὶ ἀεὶ καὶ εἰς τοὺς αἰῶνας τῶν αἰώνων. Ἀμήν.

Δόξα σοι, Κύριε, δόξα σοι, Ἅγιε, δόξα σοι Βασιλεῦ ἡμῶν, ὅτι ἔδωκας ἡμῖν βρώματα εἰς εὐφροσύνην. Πλήρωσον ἡμᾶς καὶ Πνεύματος Ἁγίου, ἵνα εὑρεθῶμεν ἐνώπιόν σου εὐάρεστοι καὶ μὴ αἰσχυνθῶμεν, ὅταν ἀποδώσῃς ἑκάστῳ κατὰ τὰ ἔργα αὐτοῦ.

SMALL COMPLINE

When no Priest is present, begin as follows:

Through the prayers of our holy fathers, Lord Jesus Christ our God, have mercy on us. Amen.

Glory to you, our God, glory to you.

Heavenly King, Paraclete, Spirit of truth,
present everywhere, filling all things,
Treasury of blessings and Giver of life,
come and dwell in us,
cleanse us from every stain,
and, O Good One, save our souls.

Trisagion etc. page 1.

Lord, have mercy (*x12*).

Glory to the Father, and to the Son, and to the Holy Spirit,
both now and for ever, and to the ages of ages. Amen.

Come, let us worship and fall down before our King and God.
Come, let us worship and fall down before Christ, our King and God.
Come, let us worship and fall down before Christ himself, our King and our God.

3 Metanias.

Psalm 50. *See page 13.*

Psalm 69

O God, come to my help.
Lord, hasten to help me.

ΜΙΚΡΟΝ ΑΠΟΔΕΙΠΝΟΝ

Εἰ οὐχ ὑπάρχει ἱερεύς, λέγε:
Δι' εὐχῶν τῶν ἁγίων πατέρων ἡμῶν, Κύριε Ἰησοῦ Χριστέ,
ὁ Θεὸς ἡμῶν, ἐλέησον ἡμᾶς. Ἀμήν.

Δόξα σοι, Κύριε, δόξα σοι.

Βασιλεῦ οὐράνιε, Παράκλητε, τὸ Πνεῦμα τῆς ἀληθείας,
ὁ πανταχοῦ παρὼν καὶ τὰ πάντα πληρῶν,
ὁ θησαυρὸς τῶν ἀγαθῶν καὶ ζωῆς χορηγός,
ἐλθὲ καὶ σκήνωσον ἐν ἡμῖν
καὶ καθάρισον ἡμᾶς ἀπὸ πάσης κηλῖδος
καὶ σῶσον, Ἀγαθέ, τὰς ψυχὰς ἡμῶν.

Τρισάγιον κλπ. (βλ. σελ. 1).

Κύριε, ἐλέησον ιβ΄

Δόξα Πατρὶ καὶ Υἱῷ καὶ Ἁγίῳ Πνεύματι·
καὶ νῦν καὶ ἀεὶ καὶ εἰς τοὺς αἰῶνας τῶν αἰώνων. Ἀμήν.

Δεῦτε προσκυνήσωμεν καὶ προσπέσωμεν τῷ βασιλεῖ ἡμῶν Θεῷ.
Δεῦτε προσκυνήσωμεν καὶ προσπέσωμεν Χριστῷ τῷ βασιλεῖ
    ἡμῶν Θεῷ.
Δεῦτε προσκυνήσωμεν καὶ προσπέσωμεν αὐτῷ Χριστῷ τῷ
    βασιλεῖ καὶ Θεῷ ἡμῶν.

Μετανοίας γ΄

Ψαλμὸς Ν΄ *(βλ. σελ. 13).*

Ψαλμὸς ΞΘ΄ (69)

Ὁ Θεός, εἰς τὴν βοήθειάν μου πρόσχες·
Κύριε, εἰς τὸ βοηθῆσαί μοι σπεῦσον.

Let those who seek my soul be shamed and confounded.
Let those who wish me evils be turned back and put to shame.

Let those who say to me, 'Good, good!' be turned back
   immediately, ashamed.
Let all who seek you, O God, be glad and rejoice in you.

Let all who love your salvation ever say, 'The Lord be
   magnified.'
But I am poor and needy. Help me, O God.

You are my helper and my deliverer.
Lord, do not delay.

Psalm 142

Lord, hear my prayer,
in your truth give ear to my petition,
in your justice hear me.

Do not enter into judgement with your servant,
for no one living will be justified in your sight.

For the enemy pursued my soul,
humbled my life to the ground.

He made me dwell in darkness, like those long dead.
And my spirit grew faint,
and my heart was troubled within me.

I remembered the days of old,
I meditated on all your works,
I considered the works of your hands.

I stretched out my hands towards you,
my soul was like a waterless land for you.

ΜΙΚΡΟΝ ΑΠΟΔΕΙΠΝΟΝ

Αἰσχυνθήτωσαν καὶ ἐντραπήτωσαν οἱ ζητοῦντες τὴν
    ψυχήν μου.
Ἀποστραφήτωσαν εἰς τὰ ὀπίσω καὶ καταισχυνθήτωσαν
    οἱ βουλόμενοί μοι κακά.

Ἀποστραφήτωσαν παραυτίκα αἰσχυνόμενοι οἱ λέγοντές μοι·
    εὖγε εὖγε.

Ἀγαλλιάσθωσαν καὶ εὐφρανθήτωσαν ἐπὶ σοὶ πάντες οἱ
    ζητοῦντές σε, ὁ Θεός,

καὶ λεγέτωσαν διὰ παντός· Μεγαλυνθήτω ὁ Κύριος, οἱ
    ἀγαπῶντες τὸ σωτήριόν σου.
Ἐγὼ δὲ πτωχός εἰμι καὶ πένης· ὁ Θεός, βοήθησόν μοι.

Βοηθός μου καὶ ῥύστης μου εἶ σύ·
Κύριε, μὴ χρονίσῃς.

Ψαλμὸς ΡΜΒ΄ (142)

Κύριε, εἰσάκουσον τῆς προσευχῆς μου,
ἐνώτισαι τὴν δέησίν μου ἐν τῇ ἀληθείᾳ σου,
εἰσάκουσόν μου ἐν τῇ δικαιοσύνῃ σου.

Καὶ μὴ εἰσέλθῃς εἰς κρίσιν μετὰ τοῦ δούλου σου,
ὅτι οὐ δικαιωθήσεται ἐνώπιόν σου πᾶς ζῶν.

Ὅτι κατεδίωξεν ὁ ἐχθρὸς τὴν ψυχήν μου·
ἐταπείνωσεν εἰς γῆν τὴν ζωήν μου.

Ἐκάθισέ με ἐν σκοτεινοῖς ὡς νεκροὺς αἰῶνος·
καὶ ἠκηδίασεν ἐπ᾽ ἐμὲ τὸ πνεῦμά μου,
ἐν ἐμοὶ ἐταράχθη ἡ καρδία μου.

Ἐμνήσθην ἡμερῶν ἀρχαίων,
ἐμελέτησα ἐν πᾶσι τοῖς ἔργοις σου,
ἐν ποιήμασι τῶν χειρῶν σου ἐμελέτων.

Διεπέτασα πρὸς σὲ τὰς χεῖράς μου·
ἡ ψυχή μου ὡς γῆ ἄνυδρός σοι.

Be swift to hear me, Lord,
for my spirit has failed.

Do not turn your face from me,
or I shall be like those who go down to the Pit.

Let me hear of your mercy in the morning,
for in you I have hoped.

Make known to me the way that I should go, Lord,
for to you I have lifted up my soul.

Deliver me from my enemies, Lord, for to you I have run for
    refuge.
Teach me to do your will, for you are my God.

Your good Spirit will lead me in an upright land.
For your name's sake, O Lord, you will make me live.

In your justice you will bring my soul out of trouble.
In your mercy you will wipe out my enemies,
and destroy all those that afflict my soul, for I am your servant.

The Doxology

Glory to God in the highest,
and on earth peace,
goodwill among men.

We praise you, we bless you,
we worship you, we glorify you,
we thank you for your great glory,

Lord, King, God of heaven, Father almighty;
Lord, only-begotten Son, Jesus Christ;
and Holy Spirit.

Lord God, Lamb of God, Son of the Father,
who take away the sin of the world, have mercy on us,
you take away the sins of the world.

Ταχὺ εἰσάκουσόν μου, Κύριε,
ἐξέλιπε τό πνεῦμά μου.

Μὴ ἀποστρέψῃς τὸ πρόσωπόν σου ἀπ' ἐμοῦ,
καὶ ὁμοιωθήσομαι τοῖς καταβαίνουσιν εἰς λάκκον.

Ἀκουστὸν ποίησόν μοι τὸ πρωῒ τὸ ἔλεός σου,
ὅτι ἐπὶ σοὶ ἤλπισα.

Γνώρισόν μοι, Κύριε, ὁδὸν ἐν ᾗ πορεύσομαι,
ὅτι πρὸς σὲ ἦρα τὴν ψυχήν μου.

Ἐξελοῦ με ἐκ τῶν ἐχθρῶν μου, Κύριε, ὅτι πρὸς σὲ κατέφυγον·
δίδαξόν με τοῦ ποιεῖν τὸ θέλημά σου, ὅτι σὺ εἶ ὁ Θεός μου.

Τὸ πνεῦμά σου τὸ ἀγαθὸν ὁδηγήσει με ἐν γῇ εὐθείᾳ.
Ἕνεκεν τοῦ ὀνόματός σου, Κύριε, ζήσεις με.

Ἐν τῇ δικαιοσύνῃ σου ἐξάξεις ἐκ θλίψεως τὴν ψυχήν μου,
καὶ ἐν τῷ ἐλέει σου ἐξολοθρεύσεις τοὺς ἐχθρούς μου.
Καὶ ἀπολεῖς πάντας τοὺς θλίβοντας τὴν ψυχήν μου, ὅτι ἐγὼ
    δοῦλός σού εἰμι.

Δοξολογία

Δόξα ἐν ὑψίστοις Θεῷ,
καὶ ἐπὶ γῆς εἰρήνη,
ἐν ἀνθρώποις εὐδοκία.

Ὑμνοῦμέν σε, εὐλογοῦμέν σε,
προσκυνοῦμέν σε, δοξολογοῦμέν σε,
εὐχαριστοῦμέν σοι, διὰ τὴν μεγάλην σου δόξαν.

Κύριε βασιλεῦ, ἐπουράνιε Θεέ, Πάτερ, παντοκράτορ·
Κύριε Υἱὲ μονογενές, Ἰησοῦ Χριστέ,
καὶ Ἅγιον Πνεῦμα.

Κύριε ὁ Θεός, ὁ ἀμνὸς τοῦ Θεοῦ, ὁ Υἱὸς τοῦ Πατρός,
ὁ αἴρων τὴν ἁμαρτίαν τοῦ κόσμου·
ἐλέησον ἡμᾶς ὁ αἴρων τὰς ἁμαρτίας τοῦ κόσμου.

Receive our prayer, you who sit at the right hand of the Father,
    and have mercy on us.
For you alone are Holy, you alone are Lord,
Jesus Christ, to the glory of God the Father. Amen.

Every evening I will bless you,
and praise your name for ever, and to the ages of ages.
I said: Lord, have mercy on me;
heal my soul, for I have sinned against you.
Lord, I have run to you for refuge;
teach me to do your will, for you are my God.
For with you is the source of life;
and in your light we shall see light.
Continue your mercy towards those who know you.

Grant, Lord, this night to keep us without sin.
Blessed are you, Lord, the God of our fathers,
and praised and glorified is your name to the ages. Amen.
May your mercy, Lord, be upon us, as we have put our hope in
    you.
Blessed are you, Lord, teach me your statutes.
Blessed are you, Master, make me understand your statutes.
Blessed are you, Holy One, enlighten me with your statutes.
Lord, your mercy is for ever, do not scorn the work of your
    hands.
To you praise is due,
to you song is due,
to you glory is due,
Father, Son, and Holy Spirit,
now and for ever, and to the ages of ages. Amen.

Πρόσδεξαι τὴν Δέησιν ἡμῶν, ὁ καθήμενος ἐν δεξιᾷ τοῦ
  Πατρός,
καὶ ἐλέησον ἡμᾶς.
Ὅτι σὺ εἶ μόνος Ἅγιος, σὺ εἶ μόνος Κύριος
Ἰησοῦς Χριστός, εἰς δόξαν Θεοῦ Πατρός. Ἀμήν.

Καθ᾿ ἑκάστην ἑσπέραν εὐλογήσω σε
καὶ αἰνέσω τὸ ὄνομά σου εἰς τὸν αἰῶνα, καὶ εἰς τὸν αἰῶνα τοῦ
  αἰῶνος.
Κύριε, καταφυγὴ ἐγενήθης ἡμῖν ἐν γενεᾷ καὶ γενεᾷ.
Ἐγὼ εἶπα· Κύριε, ἐλέησόν με,
ἴασαι τὴν ψυχήν μου, ὅτι ἥμαρτόν σοι.
Κύριε, πρὸς σὲ κατέφυγον,
δίδαξόν με τοῦ ποιεῖν τὸ θέλημά σου, ὅτι σὺ εἶ ὁ Θεός μου.
Ὅτι παρὰ σοὶ πηγὴ ζωῆς, ἐν τῷ φωτί σου ὀψόμεθα φῶς.
Παράτεινον τὸ ἔλεός σου τοῖς γινώσκουσί σε.

Καταξίωσον, Κύριε, ἐν τῇ νυκτὶ ταύτῃ ἀναμαρτήτους
  φυλαχθῆναι ἡμᾶς.
Εὐλογητὸς εἶ, Κύριε, ὁ Θεὸς τῶν Πατέρων ἡμῶν,
καὶ αἰνετὸν καὶ δεδοξασμένον τὸ ὄνομά σου εἰς τοὺς αἰῶνας.
  Ἀμήν.
Γένοιτο, Κύριε, τὸ ἔλεός σου ἐφ᾿ ἡμᾶς, καθάπερ ἠλπίσαμεν
  ἐπὶ σέ.
Εὐλογητὸς εἶ, Κύριε, δίδαξόν με τὰ δικαιώματά σου.
Εὐλογητὸς εἶ, Δέσποτα, συνέτισόν με τὰ δικαιώματά σου.
Εὐλογητὸς εἶ, Ἅγιε, φώτισόν με τοῖς δικαιώμασί σου.
Κύριε, τὸ ἔλεός σου εἰς τὸν αἰῶνα· τὰ ἔργα τῶν χειρῶν σου
  μὴ παρίδῃς.
Σοὶ πρέπει αἶνος,
σοὶ πρέπει ὕμνος,
σοὶ δόξα πρέπει,
τῷ Πατρὶ καὶ τῷ Υἱῷ καὶ τῷ Ἁγίῳ Πνεύματι,
νῦν καὶ ἀεὶ καὶ εἰς τοὺς αἰῶνας τῶν αἰώνων. Ἀμήν.

Then we say the Creed. See page 4.

After the Creed, if Holy Communion is to be received the next morning, the Office of Preparation for Communion. See page 32.

Then:

It is truly right to call you blessed, who gave birth to God, ever-blessed and most pure, and the Mother of our God.

Greater in honour than the Cherubim
and beyond compare more glorious than the Seraphim,
without corruption you gave birth to God the Word;
truly the Mother of God, we magnify you.

Then the Trisagion etc. and after that the Kontakion of the Feast or of the Saint of the day. If there is none, the Kontakion for the day of the week.

Or the following Troparia:

God of our Fathers,
you always deal with us in your forbearance,
do not deprive us of your mercy,
but at their intercessions guide our life in peace.

Your Church, clothed throughout the world
as in purple and fine linen
with the blood of your Martyrs,
cries out to you through them, Christ, our God:
Send down your mercy on your people;
give peace to your commonwealth
and to our souls your great mercy.

Glory to the Father, and to the Son, and to the Holy Spirit.

With the Saints give rest, O Christ,
to the souls of your servants,

ΜΙΚΡΟΝ ΑΠΟΔΕΙΠΝΟΝ

Εἶτα λέγομεν τὸ Πιστεύω. *Βλ. σελ. 4.*

Μέλλων προσελθεῖν τοῖς ἀχράντοις Μυστηρίοις, μετὰ τὸ Πιστεύω *λέγε τὴν ἀκολουθίαν τῆς θείας Μεταλήψεως. Σελ. 32.*

Εἶτα·

Ἄξιόν ἐστιν, ὡς ἀληθῶς, μακαρίζειν σε τὴν Θεοτόκον,
τὴν ἀειμακάριστον καὶ παναμώμητον καὶ Μητέρα τοῦ Θεοῦ
  ἡμῶν.

Τὴν τιμιωτέραν τῶν Χερουβεὶμ
καὶ ἐνδοξοτέραν ἀσυγκρίτως τῶν Σεραφείμ,
τὴν ἀδιαφθόρως Θεὸν Λόγον τεκοῦσαν,
τὴν ὄντως Θεοτόκον, σέ μεγαλύνομεν.

Εἶτα τὸ Τρισάγιον κλπ. καὶ τὸ κοντάκιον τῆς ἑορτῆς ἢ τοῦ Ἁγίου τῆς ἡμέρας ἢ τῆς ἡμέρας τῆς ἑβδομάδος.

Ἢ τὰ παρόντα τροπάρια·

Ὁ Θεὸς τῶν πατέρων ἡμῶν,
ὁ ποιῶν ἀεὶ μεθ᾽ ἡμῶν, κατὰ τὴν σὴν ἐπιείκειαν,
μὴ ἀποστήσῃς τὸ ἔλεός σου ἀφ᾽ ἡμῶν,
ἀλλὰ ταῖς αὐτῶν ἱκεσίαις ἐν εἰρήνῃ κυβέρνησον τὴν ζωὴν
  ἡμῶν.

Τῶν ἐν ὅλῳ τῷ κόσμῳ Μαρτύρων σου,
ὡς πορφύραν καὶ βύσσον,
τὰ αἵματα ἡ Ἐκκλησία σου στολισαμένη,
δι᾽ αὐτῶν βοᾷ σοι, Χριστὲ ὁ Θεός·
Τῷ λαῷ σου τοὺς οἰκτιρμούς σου κατάπεμψον,
εἰρήνην τῇ πολιτείᾳ σου δώρησαι,
καὶ ταῖς ψυχαῖς ἡμῶν τὸ μέγα ἔλεος.

Δόξα Πατρὶ καὶ Υἱῷ καὶ Ἁγίῳ Πνεύματι.

Μετὰ τῶν Ἁγίων ἀνάπαυσον, Χριστέ,
τὰς ψυχὰς τῶν δούλων σου,

where there is neither toil, nor grief, nor sighing,
but life everlasting.

Both now and for ever, and to the ages of ages. Amen.

Through the intercession of all the Saints and of the Mother of
   God,
give us your peace, Lord, and have mercy on us, for you alone
   are compassionate.

Lord, have mercy (*x40*).

At every time and at every hour,
in heaven and on earth
worshipped and glorified, Christ God,
long-suffering, great in mercy, great in compassion,
loving the just and merciful to sinners,
calling all to salvation by the promise of the good things to
   come;
accept our entreaties at this hour, Lord,
and direct our lives in accordance with your commandments.
Sanctify our souls,
purify our bodies,
correct our thoughts,
cleanse our ideas,
and deliver us from every distress, evil, and pain.
Wall us about with your holy Angels,
that, protected and guided by their host,
we may reach the unity of the faith
and the knowledge of your unapproachable glory;
for you are blessed to the ages of ages. Amen.

Lord, have mercy (*x3*).

Glory to the Father and to the Son and to the Holy Spirit,
both now and for ever and to the ages of ages. Amen.

ἔνθα οὐκ ἔστι πόνος, οὐ λύπη, οὐ στεναγμός,
ἀλλὰ ζωὴ ἀτελεύτητος.

Καὶ νῦν καὶ ἀεὶ καὶ εἰς τοὺς αἰῶνας τῶν αἰώνων. Ἀμήν.

Τῇ πρεσβείᾳ, Κύριε, πάντων τῶν ἁγίων καὶ τῆς Θεοτόκου,
τὴν σὴν εἰρήνην δὸς ἡμῖν καὶ ἐλέησον ἡμᾶς, ὡς μόνος
οἰκτίρμων.

Κύριε, ἐλέησον μ΄

Ὁ ἐν παντὶ καιρῷ καὶ πάσῃ ὥρᾳ
ἐν οὐρανῷ καὶ ἐπὶ γῆς
προσκυνούμενος καὶ δοξαζόμενος Χριστὸς ὁ Θεός,
ὁ μακρόθυμος, ὁ πολυέλεος, ὁ πολυεύσπλαγχνος,
ὁ τοὺς δικαίους ἀγαπῶν καὶ τοὺς ἁμαρτωλοὺς ἐλεῶν,
ὁ πάντας καλῶν πρὸς σωτηρίαν διὰ τῆς ἐπαγγελίας τῶν
   μελλόντων ἀγαθῶν·
Αὐτός, Κύριε, πρόσδεξαι καὶ ἡμῶν ἐν τῇ ὥρᾳ ταύτῃ τὰς
   ἐντεύξεις
καὶ ἴθυνον τὴν ζωὴν ἡμῶν πρὸς τὰς ἐντολάς σου.
Τὰς ψυχὰς ἡμῶν ἁγίασον·
τὰ σώματα ἅγνισον·
τοὺς λογισμοὺς διόρθωσον·
τὰς ἐννοίας κάθαρον·
καὶ ῥῦσαι ἡμᾶς ἀπὸ πάσης θλίψεως κακῶν καὶ ὀδύνης.
Τείχισον ἡμᾶς ἁγίοις σου Ἀγγέλοις,
ἵνα, τῇ παρεμβολῇ αὐτῶν φρουρούμενοι καὶ ὁδηγούμενοι,
καταντήσωμεν εἰς τὴν ἑνότητα τῆς πίστεως
καὶ εἰς τὴν ἐπίγνωσιν τῆς ἀπροσίτου σου δόξης,
ὅτι εὐλογητὸς εἶ εἰς τοὺς αἰῶνας τῶν αἰώνων. Ἀμήν.

Κύριε, ἐλέησον (τρίς).

Δόξα Πατρὶ καὶ Υἱῷ καὶ Ἁγίῳ Πνεύματι·
καὶ νῦν καὶ ἀεὶ καὶ εἰς τοὺς αἰῶνας τῶν αἰώνων. Ἀμήν.

Greater in honour than the Cherubim
and beyond compare more glorious than the Seraphim,
without corruption you gave birth to God the Word;
truly the Mother of God, we magnify you.

Lord, have mercy (*x12*).

And save and help us,
All-holy Virgin.

Prayer to the Most Holy Mother of God

by Paul, monk of the Monastery of Evergetis.

Spotless, undefiled, incorrupt, immaculate,
pure Virgin, Sovereign Lady, Bride of God,
who by your wondrous conceiving united God the Word with
   humankind
and joined our rejected human nature to the heavenly realm;
only hope of those without hope,
help of the attacked,
ready assistance of those who flee to you,
and refuge of all Christians;
do not turn in loathing from me, an accursed sinner,
who have made myself utterly worthless through shameful
   thoughts, words, deeds,
and through the sloth of the pleasures of life have become
   a slave to my own will.
But as Mother of the God who loves humankind have
   compassion on me,
a sinner and a prodigal, in your love for humankind,
and accept the prayer I offer you from polluted lips.
And using your Mother's freedom to speak,
implore your Son, our Master and Lord,
to open to me also the compassionate heart of his goodness,
and, disregarding my countless offences,

Τὴν τιμιωτέραν τῶν Χερουβεὶμ
καὶ ἐνδοξοτέραν ἀσυγκρίτως τῶν Σεραφείμ,
τὴν ἀδιαφθόρως Θεὸν Λόγον τεκοῦσαν,
τὴν ὄντως Θεοτόκον, σέ μεγαλύνομεν.

Κύριε, ἐλέησον ιβ΄

Καὶ σῶσον καὶ βοήθησον ἡμᾶς,
Παναγία Παρθένε.

Εὐχὴ εἰς τὴν ὑπεραγίαν Θεοτόκον

Παύλου μοναχοῦ μονῆς Εὐεργέτιδος.

Ἄσπιλε, ἀμόλυντε, ἄφθορε, ἄχραντε,
ἁγνὴ Παρθένε, Θεόνυμφε Δέσποινα·
ἡ Θεὸν Λόγον τοῖς ἀνθρώποις τῇ παραδόξῳ σου κυήσει
    ἑνώσασα
καὶ τὴν ἀπωσθεῖσαν φύσιν τοῦ γένους ἡμῶν τοῖς οὐρανίοις
    συνάψασα·
ἡ τῶν ἀπηλπισμένων μόνη ἐλπὶς
καὶ τῶν πολεμουμένων βοήθεια·
ἡ ἑτοίμη ἀντίληψις τῶν εἰς σὲ προστρεχόντων
καὶ πάντων τῶν Χριστιανῶν τὸ καταφύγιον·
μὴ βδελύξῃ με τὸν ἁμαρτωλόν, τὸν ἐναγῆ,
τὸν αἰσχροῖς λογισμοῖς καὶ λόγοις καὶ πράξεσιν ὅλον
    ἐμαυτὸν ἀχρειώσαντα
καὶ τῇ τῶν ἡδονῶν τοῦ βίου ῥαθυμίᾳ, γνώμῃ δοῦλον γενόμενον·
ἀλλ᾽ ὡς τοῦ φιλανθρώπου Θεοῦ μήτηρ,
φιλανθρώπως σπλαγχνίσθητι ἐπ᾽ ἐμοὶ τῷ ἁμαρτωλῷ καὶ ἀσώτῳ
καὶ δέξαι μου τὴν ἐκ ῥυπαρῶν χειλέων προσφερομένην σοι
    δέησιν·
καὶ τὸν σὸν Υἱὸν καὶ ἡμῶν Δεσπότην καὶ Κύριον,
τῇ μητρικῇ σου παρρησίᾳ χρωμένη, δυσώπησον,
ἵνα ἀνοίξῃ κἀμοὶ τὰ φιλάνθρωπα σπλάγχνα τῆς αὐτοῦ
    ἀγαθότητος·
καί, παριδών μου τὰ ἀναρίθμητα πταίσματα,

turn me back to repentance,
and make me a tried worker of his commandments.
And, as you are full of mercy, compassion, and loving-kindness,
  be ever near me:
in this present life a fervent helper and protector,
shielding me from the enemy's assaults and guiding me to
  salvation.
At the moment of my departure watch over my wretched soul
and drive far from it the dark forms of the evil demons.
On the dread day of judgement deliver me from eternal
  punishment,
and make me heir to the ineffable glory of your Son and our
  God.
All this may I obtain, my Lady, most holy Mother of God,
through your mediation and assistance;
through the grace and love for humankind of your only-
  begotten Son,
our Lord and God and Saviour, Jesus Christ.
To whom are due all glory, honour, and worship,
with his Father who is without beginning,
and his all-holy, good, and life-giving Spirit,
now and for ever, and to the ages of ages. Amen.

Prayer to Our Lord Jesus Christ

by the monk Antiochos Pandektes.

And grant us, Master, as we go to our sleep, rest of body and
  soul;
and guard us from the gloomy sleep of sin,
and from every dark pleasure of the night.
Calm the assaults of the passions,
quench the fiery arrows of the evil one that are cunningly aimed
  at us,
put down the rebellions of our flesh,
and still our every earthly and material thought.

ἐπιστρέψῃ με πρός μετάνοιαν,
καὶ τῶν αὐτοῦ ἐντολῶν ἐργάτην δόκιμον ἀναδείξῃ με.
Καὶ πάρεσό μοι ἀεί, ὡς ἐλεήμων καὶ συμπαθὴς καὶ φιλάγαθος·
ἐν μὲν τῷ παρόντι βίῳ θερμὴ προστάτις καὶ βοηθός,
τὰς τῶν ἐναντίων ἐφόδους ἀποτειχίζουσα καὶ πρὸς σωτηρίαν
    καθοδηγοῦσά με·
καὶ ἐν τῷ καιρῷ τῆς ἐξόδου μου τὴν ἀθλίαν μου ψυχὴν
    περιέπουσα
καὶ τὰς σκοτεινὰς ὄψεις τῶν πονηρῶν δαιμόνων πόρρω αὐτῆς
    ἀπελαύνουσα·
ἐν δὲ τῇ φοβερᾷ ἡμέρᾳ τῆς κρίσεως, τῆς αἰωνίου με ῥυομένη
    κολάσεως
καὶ τῆς ἀπορρήτου δόξης τοῦ σοῦ Υἱοῦ καὶ Θεοῦ ἡμῶν
    κληρονόμον με ἀποδεικνύουσα.
Ἧς καὶ τύχοιμι, Δέσποινά μου, Ὑπεραγία Θεοτόκε,
διὰ τῆς σῆς μεσιτείας καὶ ἀντιλήψεως,
χάριτι καὶ φιλανθρωπίᾳ τοῦ μονογενοῦς σου Υἱοῦ,
τοῦ Κυρίου καὶ Θεοῦ καὶ Σωτῆρος ἡμῶν Ἰησοῦ Χριστοῦ.
Ὦ πρέπει πᾶσα δόξα, τιμὴ καὶ προσκύνησις,
σὺν τῷ ἀνάρχῳ αὐτοῦ Πατρὶ
καὶ τῷ παναγίῳ καὶ ἀγαθῷ καὶ ζωοποιῷ αὐτοῦ Πνεύματι,
νῦν καὶ ἀεὶ καὶ εἰς τοὺς αἰῶνας τῶν αἰώνων. Ἀμήν.

Εὐχὴ εἰς τὸν Κύριον ἡμῶν Ἰησοῦν Χριστόν

Ποίημα Ἀντιόχου μοναχοῦ τοῦ Πανδέκτου.

Καὶ δὸς ἡμῖν, Δέσποτα, πρὸς ὕπνον ἀπιοῦσιν,
ἀνάπαυσιν σώματος καὶ ψυχῆς·
καὶ διαφύλαξον ἡμᾶς ἀπὸ τοῦ ζοφεροῦ ὕπνου τῆς ἁμαρτίας
καὶ ἀπὸ πάσης σκοτεινῆς καὶ νυκτερινῆς ἡδυπαθείας.
Παῦσον τὰς ὁρμὰς τῶν παθῶν,
σβέσον τὰ πεπυρωμένα βέλη τοῦ πονηροῦ τὰ καθ' ἡμῶν
    δολίως κινούμενα·
τὰς τῆς σαρκὸς ἡμῶν ἐπαναστάσεις κατάστειλον
καὶ πᾶν γεῶδες καὶ ὑλικὸν ἡμῶν φρόνημα κοίμισον.

And grant us, O God,
a watchful mind, chaste thought, a wakeful heart,
and sleep that is light and free from every satanic fantasy.
Rouse us at the time for prayer strengthened in your
    commandments
and holding firmly within us the memory of your judgements.
Grant that we may sing your glory all night long
and so hymn, bless, and glorify your all-honoured and majestic
    name,
of Father, Son, and Holy Spirit,
now and for ever, and to the ages of ages. Amen.

Most glorious, ever-Virgin, blessed Mother of God,
bring our prayer to your Son and our God,
and ask that through you he may save our souls.

Prayer of Saint Ioannikios

The Father is my hope,
the Son my refuge,
the Holy Spirit my protection.
Holy Trinity, glory to you.

Prayer to the Most Holy Mother of God

All my hope I place in you, Mother of God,
guard me under your protection.

Because of you, O full of grace, all creation rejoices,
the ranks of Angels and the human race.
Hallowed Temple and spiritual Paradise, pride of Virgins,
from you God became flesh
and he, who is our God before the ages, became a little child.
For he made your womb a throne

MIKPON AΠOΔEIΠNON

Καὶ δώρησαι ἡμῖν, ὁ Θεός,
γρήγορον νοῦν, σώφρονα λογισμόν, καρδίαν νήφουσαν,
ὕπνον ἐλαφρὸν καὶ πάσης σατανικῆς φαντασίας
ἀπηλλαγμένον.
Διανάστησον δὲ ἡμᾶς ἐν τῷ καιρῷ τῆς προσευχῆς
ἐστηριγμένους ἐν ταῖς ἐντολαῖς σου
καὶ τὴν μνήμην τῶν σῶν κριμάτων ἐν ἑαυτοῖς ἀπαράθραυστον
ἔχοντας.
Παννύχιον ἡμῖν τὴν σὴν δοξολογίαν χάρισαι,
εἰς τὸ ὑμνεῖν καὶ εὐλογεῖν καὶ δοξάζειν τὸ πάντιμον καὶ
μεγαλοπρεπὲς ὄνομά σου, τοῦ Πατρὸς καὶ τοῦ Υἱοῦ καὶ τοῦ
Ἁγίου Πνεύματος,
νῦν καὶ ἀεὶ καὶ εἰς τοὺς αἰῶνας τῶν αἰώνων. Ἀμήν.

Ὑπερένδοξε, ἀειπάρθενε, εὐλογημένη Θεοτόκε,
προσάγαγε τὴν ἡμετέραν προσευχὴν τῷ Υἱῷ σου καὶ Θεῷ ἡμῶν
καὶ αἴτησαι ἵνα σώσῃ διὰ σοῦ τὰς ψυχὰς ἡμῶν.

Εὐχὴ τοῦ ὁσίου Ἰωαννικίου

Ἡ ἐλπίς μου ὁ Πατήρ,
καταφυγή μου ὁ Υἱός,
σκέπη μου τὸ Πνεῦμα τὸ Ἅγιον.
Τριὰς Ἁγία, δόξα σοι.

Εὐχὴ εἰς τὴν Ὑπεραγίαν Θεοτόκον

Τὴν πᾶσαν ἐλπίδα μου εἰς σὲ ἀνατίθημι,
Μῆτερ τοῦ Θεοῦ· φύλαξόν με ὑπὸ τὴν σκέπην σου.

Ἐπὶ σοὶ χαίρει, Κεχαριτωμένη, πᾶσα ἡ κτίσις,
Ἀγγέλων τὸ σύστημα καὶ ἀνθρώπων τὸ γένος,
ἡγιασμένε ναὲ καὶ παράδεισε λογικέ, παρθενικὸν καύχημα,
ἐξ ἧς Θεὸς ἐσαρκώθη
καὶ παιδίον γέγονεν ὁ πρὸ αἰώνων ὑπάρχων Θεὸς ἡμῶν.
Τὴν γὰρ σὴν μήτραν θρόνον ἐποίησε

29

and caused it to become wider than the heavens.
Because of you, O full of grace, all creation rejoices; glory to you.

Prayer to the Guardian Angel

Holy Angel, overseer of my wretched soul and miserable life,
do not abandon me a sinner,
do not desert me because of my inconstancy.
Leave no place for the evil demon to obtain dominion over me
by gaining control of this mortal body.
Strengthen my wretched and feeble hand
and guide me into the way of salvation.
Yes, Holy Angel of God,
guardian and protector of my wretched soul and body,
pardon me all the things by which I have distressed you all the
days of my life,
and whatever sins I have committed to-day.
Shelter me in the present night
and protect me from every abuse of the adversary,
that I may not anger God by any sin,
and intercede for me to the Lord to strengthen me in his fear,
and show me to be a worthy servant of his goodness. Amen.

To you, my Champion and Commander, I your city,
saved from disasters, dedicate, O Mother of God,
hymns of victory and thanksgiving;
but as you have unassailable might,
from every kind of danger now deliver me,
that I may cry to you:
Hail, Bride without bridegroom!

Then the following three times:
Most Holy Mother of God, save us.
Virgin, Mother of God,

καὶ τὴν σὴν γαστέρα πλατυτέραν οὐρανῶν ἀπειργάσατο.
Ἐπὶ σοὶ χαίρει, Κεχαριτωμένη, πᾶσα ἡ κτίσις· δόξα σοι.

Εὐχὴ εἰς τὸν φύλακα Ἄγγελον

Ἅγιε Ἄγγελε, ὁ ἐφεστὼς τῆς ἀθλίας μου ψυχῆς καὶ ταλαιπώρου
μου ζωῆς,
μὴ ἐγκαταλίπῃς με τὸν ἁμαρτωλόν,
μηδὲ ἀποστῇς ἀπ' ἐμοῦ διὰ τὴν ἀκρασίαν μου·
μὴ δῷς χώραν τῷ πονηρῷ δαίμονι κατακυριεῦσαί μου
τῇ καταδυναστείᾳ τοῦ θνητοῦ τούτου σώματος·
κράτησον τῆς ἀθλίας καὶ παρειμένης χειρός μου,
καὶ ὁδήγησόν με εἰς ὁδόν σωτηρίας.

Ναί, ἅγιε Ἄγγελε τοῦ Θεοῦ,
ὁ φύλαξ καὶ σκεπαστὴς τῆς ἀθλίας μου ψυχῆς καὶ τοῦ σώματος,
πάντα μοι συγχώρησον, ὅσα σοι ἔθλιψα πάσας τὰς ἡμέρας
   τῆς ζωῆς μου
καὶ εἴ τι ἥμαρτον τὴν σήμερον ἡμέραν·
σκέπασόν με ἐν τῇ παρούσῃ νυκτὶ
καὶ διαφύλαξόν με ἀπὸ πάσης ἐπηρείας τοῦ ἀντικειμένου,
ἵνα μὴ ἔν τινι ἁμαρτήματι παροργίσω τὸν Θεόν·
καὶ πρέσβευε ὑπὲρ ἐμοῦ πρὸς τὸν Κύριον
τοῦ ἐπιστηρίξαι με ἐν τῷ φόβῳ αὐτοῦ
καὶ ἄξιον ἀναδεῖξαί με δοῦλον τῆς αὐτοῦ ἀγαθότητος. Ἀμήν.

Τῇ Ὑπερμάχῳ Στρατηγῷ τὰ νικητήρια,
ὡς λυτρωθεῖσα τῶν δεινῶν, εὐχαριστήρια
ἀναγράφω σοι ἡ Πόλις σου, Θεοτόκε.
Ἀλλ' ὡς ἔχουσα τὸ κράτος ἀπροσμάχητον,
ἐκ παντοίων με κινδύνων ἐλευθέρωσον,
ἵνα κράζω σοι·
Χαῖρε, Νύμφη ἀνύμφευτε.

   Εἶτα τὸ ἐπόμενον τροπάριον τρίς·

Ὑπεραγία Θεοτόκε, σῶσον ἡμᾶς.
Θεοτόκε παρθένε,

Hail, Mary, full of grace,
the Lord is with you.
Blessed are you among women,
and blessed is the fruit of your womb,
for you gave birth to the Saviour of our souls.

Glory to the Father, and to the Son, and to the Holy Spirit,
both now and for ever, and to the ages of ages. Amen.

Lord, have mercy (*x3*).

May (*On Sunday:* he who rose from the dead) Christ, our true
God, through the prayers of his most pure and holy Mother,
the intercessions of the holy, glorious, all-praised Apostles,
of *N.* (*the Saint of the Church and of the day*), of the holy and
righteous Forebears of God, Joachim and Anne, and all the
Saints, have mercy on us and save us, for he is good and loves
humankind.

Then the Litany as on page 11.

*Then the Apolytikion of the Sunday or Feast may be sung,
but on other days the following:*

Tone 3.

Awed by the beauty of your virginity,
and by the splendour of your purity,
Gabriel cried aloud to you, Mother of God:
How can I praise you as I should?
By what name shall I invoke you?
I am troubled and amazed.
Therefore, as I was commanded, I cry to you:
Hail, full of grace!

Through the prayers of our holy fathers,
Lord Jesus Christ, our God, have mercy on us. Amen.

MIKRON APODEIPNON

Χαῖρε κεχαριτωμένη Μαρία,
ὁ Κύριος μετὰ σοῦ.
Εὐλογημένη σὺ ἐν γυναιξί,
καὶ εὐλογημένος ὁ καρπὸς τῆς κοιλίας σου,
ὅτι Σωτῆρα ἔτεκες τῶν ψυχῶν ἡμῶν.

Δόξα Πατρὶ καὶ Υἱῷ καὶ Ἁγίῳ Πνεύματι·
καὶ νῦν καὶ ἀεὶ καὶ εἰς τοὺς αἰῶνας τῶν αἰώνων. Ἀμήν.

Κύριε, ἐλέησον, (τρίς).

Ὁ ἀναστὰς ἐκ νεκρῶν (εἴπερ ἐστὶ Κυριακή), Χριστὸς ὁ
ἀληθινὸς Θεὸς ἡμῶν, ταῖς πρεσβείαις τῆς παναχράντου καὶ
παναμώμου ἁγίας αὐτοῦ Μητρός, ἱκεσίαις τῶν ἁγίων, ἐνδόξων
καὶ πανευφήμων Ἀποστόλων, τοῦ ἁγίου δεῖνος (τοῦ Ναοῦ καὶ
τῆς ἡμέρας), τῶν ἁγίων καὶ δικαίων Θεοπατόρων Ἰωακεὶμ καὶ
Ἄννης, καὶ πάντων τῶν Ἁγίων, ἐλεήσαι καὶ σώσαι ἡμᾶς, ὡς
ἀγαθὸς καὶ φιλάνθρωπος.

Συναπτή ἴδε σελ. 11.

Εἶτα ψάλλονται τὸ Ἀπολυτίκιον τῆς Κυριακῆς ἢ τῆς ἑορτῆς.
Ἐν ταῖς ἑτέραις ἡμέραις τὸ παρόν·

Ἦχος γ'

Τὴν ὡραιότητα τῆς παρθενίας σου
καὶ τὸ ὑπέρλαμπρον τὸ τῆς ἁγνείας σου,
ὁ Γαβριὴλ καταπλαγείς, ἐβόα σοι, Θεοτόκε·
Ποῖόν σοι ἐγκώμιον προσαγάγω ἐπάξιον;
τί δὲ ὀνομάσω σε;
ἀπορῶ καὶ ἐξίσταμαι·
διό ὡς προσετάγην, βοῶ σοι·
Χαῖρε, ἡ Κεχαριτωμένη.

Δι' εὐχῶν τῶν ἁγίων πατέρων ἡμῶν, Κύριε Ἰησοῦ Χριστέ,
ὁ Θεὸς ἡμῶν, ἐλέησον ἡμᾶς. Ἀμήν.

31

PREPARATION FOR HOLY COMMUNION

When you intend to approach the most pure Mysteries, during Compline, at the end of the Creed, say with compunction the following Canon, whose acrostic in Greek is the alphabet.

Ode 1. Tone 2. Come, you peoples.

Compassionate Lord,
may your holy Body become for me
the Bread of everlasting life,
and your precious Blood
a remedy for sicknesses of every kind.

Defiled by foul deeds,
wretch that I am,
I am unworthy, O Christ, of participation
in your most pure Body and your divine Blood.
Make me worthy of it.

Theotokion

Blessed Bride of God,
good earth
which put forth the unhusbanded Ear of Corn
that saved the world,
make me, who eat it, worthy to be saved.

Ode 3. You have established me.

Grant me showers of tears, O Christ,
to purify the filth of my heart,
so that cleansed and with a good conscience
I may draw near, Master, with faith and fear
at the Communion of your divine Gifts.

ΑΚΟΛΟΥΘΙΑ ΤΗΣ ΘΕΙΑΣ ΜΕΤΑΛΗΨΕΩΣ

Μέλλων προσελθεῖν τοῖς ἀχράντοις Μυστηρίοις, μετὰ τὴν ἀφ᾽ ἑσπέρας εἰθισμένην ἀκολουθίαν τοῦ Ἀποδείπνου, ἕως τέλους τοῦ Πιστεύω, *λέγε μετὰ κατανύξεως τὸν παρόντα Κανόνα, οὗ ἡ ἀκροστιχὶς κατ᾽ ἀλφάβητον.*

Ἦχος β΄. Ὠδὴ α΄. Δεῦτε λαοί.

Ἄρτος ζωῆς,
αἰωνιζούσης γενέσθω μοι
τὸ Σῶμά σου τὸ ἅγιον, εὔσπλαγχνε Κύριε,
καὶ τὸ τίμιον Αἷμα
καὶ νόσων πολυτρόπων ἀλεξητήριον.

Βεβηλωθεὶς
ἔργοις ἀτόποις ὁ δείλαιος,
τοῦ σοῦ ἀχράντου Σώματος καὶ θείου Αἵματος
ἀνάξιος ὑπάρχω,
Χριστέ, τῆς μετουσίας, ἧς με ἀξίωσον.

Θεοτοκίον

Γῆ ἀγαθή,
εὐλογημένη Θεόνυμφε,
τὸν στάχυν ἡ βλαστήσασα τὸν ἀγεώργητον
καὶ σωτήριον κόσμῳ,
ἀξίωσόν με τοῦτον τρώγοντα σῴζεσθαι.

Ὠδὴ γ΄. Ἐν πέτρᾳ με τῆς πίστεως.

Δακρύων μοι παράσχου, Χριστέ, ρανίδας,
τὸν ρύπον τῆς καρδίας μου καθαιρούσας,
ὡς ἂν εὐσυνειδότως κεκαθαρμένος,
πίστει προσέρχωμαι καὶ φόβῳ, Δέσποτα,
ἐν τῇ μεταλήψει τῶν θείων δώρων σου.

May your most pure Body and your divine Blood,
Lover of humankind, bring me pardon of faults,
communion of the Holy Spirit,
eternal life,
and removal of passions and tribulations.

Theotokion

All-holy table of the Bread of life,
which through mercy came down from on high
and gives new life to the world,
now make me too, who am unworthy,
worthy to taste it with fear and to live.

Ode 4. You have come from a Virgin.

Made flesh
for our sake, O most merciful,
you were willing to be sacrificed like a sheep
for the sins of mortals.
Therefore I implore you
to wipe away my offences also.

Heal
the wounds of my soul, Lord,
sanctify me wholly,
and count me worthy, Master,
to partake
of your mystical divine Supper, wretch though I am.

Theotokion

For me too, Sovereign Lady,
appease the One who
came from your womb,
and keep me, your suppliant,
undefiled and blameless,
so that, as I receive the spiritual pearl, I may be sanctified.

Εἰς ἄφεσιν γενέσθω μοι τῶν πταισμάτων
τὸ ἄχραντόν σου Σῶμα καὶ θεῖον Αἷμα,
εἰς Πνεύματος Ἁγίου τε κοινωνίαν
καὶ εἰς αἰώνιον ζωήν, Φιλάνθρωπε,
καὶ παθῶν καὶ θλίψεων ἀλλοτρίωσιν.

Θεοτοκίον

Ζωῆς τοῦ Ἄρτου τράπεζα, Παναγία,
τοῦ ἄνωθεν δι᾽ ἔλεον καταβάντος
καὶ κόσμῳ καινοτέραν ζωὴν διδόντος,
κἀμὲ ἀξίωσον νῦν τὸν ἀνάξιον,
μετὰ φόβου γεύσασθαι τούτου καὶ ζήσεσθαι.

Ὠδὴ δ΄. Ἐλήλυθας ἐκ Παρθένου.

Ἠθέλησας
δι᾽ ἡμᾶς σαρκωθείς, Πολυέλεε,
τυθῆναι ὡς πρόβατον
διὰ βροτῶν ἁμαρτήματα·
ὅθεν ἱκετεύω σε
καὶ τὰ ἐμὰ ἐξαλεῖψαι πλημμελήματα.

Θεράπευσον
τῆς ψυχῆς μου τὰ τραύματα, Κύριε,
καὶ ὅλον με ἁγίασον
καὶ καταξίωσον, Δέσποτα,
ὅπως κοινωνήσω σου
τοῦ μυστικοῦ θείου Δείπνου ὁ ταλαίπωρος.

Θεοτοκίον

Ἱλέωσαι
καὶ ἐμοὶ τὸν ἐκ σπλάγχνων σου, Δέσποινα,
καὶ τήρει με ἄρρυπον
τὸν σὸν ἱκέτην καὶ ἄμεμπτον,
ὅπως εἰσδεχόμενος
τὸν νοητὸν μαργαρίτην ἁγιάζωμαι.

Ode 5. The giver of light.

As you foretold, O Christ,
so may it be for your poor servant,
and abide in me as you promised;
for, see, I eat your divine Body
and I drink your Blood.

Word of God and God,
may the burning coal of your Body bring
enlightenment to me who am in darkness,
and your Blood
cleansing of my defiled soul.

Theotokion

Mary, Mother of God,
the honoured tabernacle of the sweet fragrance,
by your prayers make me a vessel of election,
that I may share in the holy gifts of your Offspring.

Ode 6. Encompassed by an abyss.

O Saviour, sanctify my mind,
soul, heart, and body,
and count me worthy, Master,
to draw near,
without condemnation, to your dread Mysteries.

May I be made a stranger to passions
and obtain increase of grace
and assurance of life
through the communion
of your holy Mysteries, O Christ.

Theotokion

O God, the holy Word of God,
at the intercessions of your holy Mother,

ΑΚΟΛΟΥΘΙΑ ΤΗΣ ΘΕΙΑΣ ΜΕΤΑΛΗΨΕΩΣ

Ὠδὴ ε΄. Ὁ τοῦ φωτὸς χορηγός.

Καθὼς προέφης, Χριστέ,
γενέσθω δὴ τῷ εὐτελεῖ δούλῳ σου,
καὶ ἐν ἐμοὶ μεῖνον,
ὡς ὑπέσχου· ἰδοὺ γὰρ τὸ Σῶμα
τρώγω σου τό θεῖον καὶ πίνω τὸ Αἷμά σου.

Λόγε Θεοῦ καὶ Θεέ,
ὁ ἄνθραξ γένοιτο τοῦ σοῦ Σώματος
εἰς φωτισμὸν
τῷ ἐσκοτισμένῳ ἐμοί καὶ καθαρισμὸν
τῆς βεβηλωθείσης ψυχῆς μου τὸ Αἷμά σου.

Θεοτοκίον

Μαρία, Μῆτερ Θεοῦ,
τῆς εὐωδίας τὸ σεπτὸν σκήνωμα,
ταῖς σαῖς εὐχαῖς
σκεῦος ἐκλογῆς με ἀπέργασαι,
ὅπως τῶν ἁγιασμάτων μετέχω τοῦ τόκου σου.

Ὠδὴ ς΄. Ἐν ἀβύσσῳ.

Νοῦν, ψυχὴν καὶ καρδίαν ἁγίασον,
Σῶτερ, καὶ τὸ σῶμά μου,
καὶ καταξίωσον
ἀκατακρίτως, Δέσποτα,
τοῖς φρικτοῖς Μυστηρίοις προσέρχεσθαι.

Ξενωθείην παθῶν καὶ τῆς χάριτος
σχοίην τε προσθήκην,
ζωῆς τε ἀσφάλειαν,
διὰ τῆς μεταλήψεως
τῶν ἁγίων, Χριστέ, Μυστηρίων σου.

Θεοτοκίον

Ὁ Θεοῦ Θεὸς Λόγος ὁ ἅγιος,
ὅλον με ἁγίασον,

sanctify me wholly
who now draws near
to your divine Mysteries.

Kontakion. Tone 2. Seeking things on high.

Do not disdain, O Christ, to let me now receive
the Bread, your Body,
and your divine Blood,
and may my partaking
of your most pure and dread Mysteries,
wretch that I am,
not be for my condemnation.
But may it be for me
for eternal and immortal life.

Ode 7. When the golden image.

May the Communion
of your immortal Mysteries, O Christ,
only loving Protector,
now be for me
the source of good things:
of light and life, dispassion,
and progress in more godly virtue,
and of blessing,
that I may glorify you.

May I be delivered from passions,
enemies, constraints,
and every tribulation
as, with trembling and love,
and with devotion, lover of humankind,
I now approach
your immortal and divine Mysteries,
and sing to you:

νῦν προσερχόμενον
τοῖς θείοις Μυστηρίοις σου,
τῆς ἁγίας Μητρός σου δεήσεσι.

Κοντάκιον. Ἦχος β΄. Τὰ ἄνω ζητῶν.

Τὸν Ἄρτον, Χριστέ,
λαβεῖν μὴ ὑπερίδης με,
τὸ Σῶμα τὸ σὸν
καὶ τὸ θεῖον νῦν Αἷμά σου·
τῶν ἀχράντων, Δέσποτα,
καὶ φρικτῶν Μυστηρίων σου
μετασχεῖν τῷ ἀθλίῳ
μὴ εἰς κρῖμά μοι γένοιτο,
γένοιτο δέ μοι εἰς ζωὴν αἰώνιον καὶ ἀθάνατον.

Ὠδὴ ζ΄. Εἰκόνος χρυσῆς.

Πηγὴ ἀγαθῶν
ἡ μετάληψις, Χριστέ,
τῶν ἀθανάτων σου
νῦν Μυστηρίων γενηθήτω μοι,
φῶς καὶ ζωὴ καὶ ἀπάθεια
καὶ πρὸς ἀρετῆς θειοτέρας
προκοπὴν καὶ ἐπίδοσιν
πρόξενος, μόνε ἀγαθέ,
ὅπως δοξάζω σε.

Ῥυσθείην παθῶν
καὶ ἐχθρῶν καὶ ἀναγκῶν
καὶ πάσης θλίψεως,
τρόμῳ καὶ πόθῳ προσιὼν τανῦν
μετ᾽ εὐλαβείας, φιλάνθρωπε,
σοῦ τοῖς ἀθανάτοις
καὶ θείοις Μυστηρίοις
καὶ ψάλλων σοι·

Blessed are you,
the God of our fathers.

Theotokion

O Full of God's grace,
who beyond understanding gave birth
to the Saviour Christ,
I, your servant, in my impurity
entreat you in your purity,
make me, who am now about to draw near
to the most pure Mysteries,
wholly pure of defilement
of flesh and spirit.

Ode 8. The God who in the furnace of fire.

Christ, God, my Saviour,
even in my despair,
count me also,
worthy now
to be a partaker
in your heavenly, dread,
and holy Mysteries,
and your divine and mystical Supper.

As I take refuge
under your compassion, O Good One,
I cry to you in fear:
Abide in me, my Saviour,
and may I, as you said, abide in you.
For see, confident in your mercy,
I eat your Body
and I drink your Blood.

ΑΚΟΛΟΥΘΙΑ ΤΗΣ ΘΕΙΑΣ ΜΕΤΑΛΗΨΕΩΣ

Εὐλογητὸς εἶ, ὁ Θεός,
ὁ τῶν Πατέρων ἡμῶν.

Θεοτοκίον

Σωτῆρα Χριστὸν
ἡ τεκοῦσα ὑπὲρ νοῦν,
Θεοχαρίτωτε,
ἐκδυσωπῶ σε νῦν ὁ δοῦλός σου,
τὴν καθαρὰν ὁ ἀκάθαρτος·
Μέλλοντά με νῦν τοῖς ἀχράντοις
Μυστηρίοις προσέρχεσθαι,
κάθαρον ὅλον μολυσμοῦ
σαρκὸς καὶ πνεύματος.

Ὠδὴ η΄. Τὸν ἐν καμίνῳ τοῦ πυρός.

Τῶν οὐρανίων καὶ φρικτῶν
καὶ ἁγίων σου, Χριστέ,
νῦν Μυστηρίων
καὶ τοῦ θείου σου Δείπνου
καὶ μυστικοῦ κοινωνὸν
γενέσθαι κἀμὲ καταξίωσον,
τὸν ἀπεγνωσμένον,
ὁ Θεὸς ὁ Σωτήρ μου.

Ὑπὸ τὴν σὴν καταφυγὼν
εὐσπλαγχνίαν, ἀγαθέ,
κράζω σοι φόβῳ·
Ἐν ἐμοὶ μεῖνον, Σῶτερ,
κἀγώ, ὡς ἔφης, ἐν σοί·
ἰδοὺ γάρ, θαρρῶν τῷ ἐλέει σου,
τρώγω σου τὸ Σῶμα
καὶ πίνω σου τὸ Αἷμα.

Theotokion

I shudder as I receive the fire.
May I not be burned up
like wax, like grass.
O fearful Mystery!
O divine compassion!
How can I, who am clay, partake
of your divine Body and Blood
and be made incorruptible?

Ode 9. The Son of the Father who has no beginning.

It is Christ the Lord;
taste and see.
For he of old became like us for our sake,
and having offered himself once
as an oblation
to his own Father,
he is ever slain,
and sanctifies those who partake.

In soul and body, Master,
may I be sanctified, enlightened, saved.
May I become your house
by participation in your sacred Mysteries,
and have you dwell in me,
with the Father and the Spirit,
most merciful Benefactor.

May your Body
and most precious Blood
be to me as fire and light,
my Saviour,
consuming the matter of my sins,
burning up the thorns of passions,

Θεοτοκίον

Φρίττω δεχόμενος τὸ πῦρ,
μὴ φλεχθῶ ὡσεὶ κηρὸς
καὶ ὡσεὶ χόρτος.
Ὦ φρικτοῦ μυστηρίου!
Ὦ εὐσπλαγχνίας Θεοῦ!
Πῶς θείου Σώματος καὶ Αἵματος
ὁ πηλὸς μετέχω
καὶ ἀφθαρτοποιοῦμαι;

Ὠδὴ θ΄. Ἀνάρχου γεννήτορος.

Χριστός ἐστι, γεύσασθε
καὶ ἴδετε, ὁ Κύριος·
δι' ἡμᾶς καθ' ἡμᾶς γὰρ πάλαι γενόμενος,
ἅπαξ ἑαυτόν τε προσάξας,
ὡς προσφορὰν
Πατρὶ τῷ ἰδίῳ,
ἀεὶ σφαγιάζεται,
ἁγιάζων τοὺς μετέχοντας.

Ψυχὴν σὺν τῷ σώματι
ἁγιασθείην, Δέσποτα,
φωτισθείην, σωθείην, γενοίμην οἶκός σου,
τῇ τῶν μυστηρίων
μεθέξει τῶν ἱερῶν,
ἔνοικόν σε ἔχων
σὺν Πατρὶ καὶ Πνεύματι,
εὐεργέτα πολυέλεε.

Ὡς πῦρ γενηθήτω μοι
καὶ ὡσεὶ φῶς τὸ Σῶμά σου
καὶ τὸ Αἷμα, Σωτήρ μου, τὸ τιμιώτατον,
φλέγον ἁμαρτίας
τὴν ὕλην καὶ ἐμπιπρῶν
παθῶν τὰς ἀκάνθας

and enlightening me wholly,
that I may worship your Godhead.

Theotokion

God was embodied
from your pure blood;
therefore every generation sings your praise,
Sovereign Lady.
The multitudes of spiritual beings glorify you,
for through you they see clearly
the one who is Master of all things
endowed with human nature.

And immediately It is truly right, *the Trisagion etc., and the rest of Compline, page 25.*

THE NEXT MORNING

After the usual Morning prayers, say the Trisagion etc., then Lord, have mercy (*x12*), Glory. Both now. Come let us worship ... (*x3*) *and the following Psalms.*

Psalm 22

The Lord shepherds me, and I shall lack nothing.
He has settled me in a place of green pasture.

He has reared me by the water of rest.
He has turned my soul back.

He has led me on paths of justice,
for his name's sake.

For even if I walk in the midst of the shadow of death,
I will not fear evils, for you are with me.

Your rod and your staff
have comforted me.

καὶ ὅλον φωτίζον με,
προσκυνεῖν σου τὴν Θεότητα.

Θεοτοκίον

Θεὸς σεσωμάτωται
ἐκ τῶν ἁγνῶν αἱμάτων σου·
ὅθεν πᾶσα ὑμνεῖ σε
γενεά, Δέσποινα,
νόων τε τὰ πλήθη δοξάζει,
ὡς διὰ σοῦ σαφῶς κατιδόντα
τὸν πάντων δεσπόζοντα,
οὐσιωθέντα τὸ ἀνθρώπινον.

Εἶτα· Ἄξιόν ἐστιν. Τρισάγιον, κλπ. καὶ λοιπὰ τοῦ Ἀποδείπνου.
Σελ. 25.

ΤΗ ΔΕ ΕΠΑΥΡΙΟΝ

Μετὰ τὴν συνήθη Ἑωθινὴν προσευχήν, λέγε· Τρισάγιον κλπ.,
Κύριε, ἐλέησον ιβ΄. Δόξα. Καὶ νῦν. Δεῦτε προσκυνήσωμεν
(τρίς) καὶ τοὺς ἑπομένους Ψαλμούς.

Ψαλμὸς ΚΒ΄ (22)

Κύριος ποιμαίνει με καὶ οὐδέν με ὑστερήσει·
εἰς τόπον χλόης, ἐκεῖ με κατεσκήνωσεν.

Ἐπὶ ὕδατος ἀναπαύσεως ἐξέθρεψέ με,
τὴν ψυχήν μου ἐπέστρεψεν.

Ὡδήγησέ με ἐπὶ τρίβους δικαιοσύνης
ἕνεκεν τοῦ ὀνόματος αὐτοῦ.

Ἐὰν γὰρ καὶ πορευθῶ ἐν μέσῳ σκιᾶς θανάτου,
οὐ φοβηθήσομαι κακά, ὅτι σὺ μετ᾽ ἐμοῦ εἶ.

Ἡ ῥάβδος σου καὶ ἡ βακτηρία σου,
αὗταί με παρεκάλεσαν.

You have prepared a table before me
in the face of those who afflict me.

You have anointed my head with oil
and your cup inebriates me like the strongest wine.

Your mercy will follow me
all the days of my life.

And my dwelling will be in the house of the Lord
for length of days.

Psalm 23

The earth is the Lord's and all that is in it,
the whole world and all who dwell in it.

For he founded it upon seas
and made it ready upon rivers.

Who will ascend into the mountain of the Lord,
and who will stand in his Holy Place?

Those whose hands are innocent and who are pure in heart,
who have not given their souls to vanity
nor sworn deceitfully to their neighbour.

They will receive blessing from the Lord,
and mercy from God their Saviour.

This is the generation of those that seek the Lord,
that seek the face of the God of Jacob.

Lift up your gates you rulers;
and be lifted up you eternal gates,
and the King of glory will come in.

Who is this King of glory?
The mighty and powerful Lord,
the Lord powerful in war.

Ἡτοίμασας ἐνώπιόν μου τράπεζαν
ἐξ ἐναντίας τῶν θλιβόντων με.

Ἐλίπανας ἐν ἐλαίῳ τὴν κεφαλήν μου,
καὶ τὸ ποτήριόν σου μεθύσκον με ὡσεὶ κράτιστον.

Καὶ τὸ ἔλεός σου καταδιώξει με
πάσας τὰς ἡμέρας τῆς ζωῆς μου.

Καὶ τὸ κατοικεῖν με ἐν οἴκῳ Κυρίου
εἰς μακρότητα ἡμερῶν.

Ψαλμὸς ΚΓ΄ (23)

Τοῦ Κυρίου ἡ γῆ καὶ τὸ πλήρωμα αὐτῆς,
ἡ οἰκουμένη καὶ πάντες οἱ κατοικοῦντες ἐν αὐτῇ.

Αὐτὸς ἐπὶ θαλασσῶν ἐθεμελίωσεν αὐτὴν
καὶ ἐπὶ ποταμῶν ἡτοίμασεν αὐτήν.

Τίς ἀναβήσεται εἰς τὸ ὄρος τοῦ Κυρίου
καὶ τίς στήσεται ἐν τόπῳ ἁγίῳ αὐτοῦ;

Ἀθῷος χερσὶ καὶ καθαρὸς τῇ καρδίᾳ,
ὃς οὐκ ἔλαβεν ἐπὶ ματαίῳ τὴν ψυχὴν αὐτοῦ
καὶ οὐκ ὤμοσεν ἐπὶ δόλῳ τῷ πλησίον αὐτοῦ.

Οὗτος λήψεται εὐλογίαν παρὰ Κυρίου
καὶ ἐλεημοσύνην παρὰ Θεοῦ σωτῆρος αὐτοῦ.

Αὕτη ἡ γενεὰ ζητούντων τὸν Κύριον,
ζητούντων τὸ πρόσωπον τοῦ Θεοῦ Ἰακώβ.

Ἄρατε πύλας οἱ ἄρχοντες ὑμῶν,
καὶ ἐπάρθητε, πύλαι αἰώνιοι,
καὶ εἰσελεύσεται ὁ Βασιλεὺς τῆς δόξης.

Τίς ἐστιν οὗτος ὁ Βασιλεὺς τῆς δόξης;
Κύριος κραταιὸς καὶ δυνατός,
Κύριος δυνατὸς ἐν πολέμῳ.

Lift up your gates you rulers;
and be lifted up you eternal gates,
and the King of glory will come in.

Who is this King of glory?
The Lord of powers,
he is the King of glory.

Psalm 115

I believed, therefore I spoke;
but I was greatly humbled.

But I said in my amazement:
Every human is a liar.

What return shall I make to the Lord
for all that he has given me in my turn?

I will take the Cup of salvation,
and I will call on the name of the Lord.

I will pay my vows to the Lord,
in the sight of all his people.

Precious in the sight of the Lord
is the death of his holy ones.

Lord, I am your servant,
your servant and child of your handmaid.
You have torn apart my bonds.

I will sacrifice a sacrifice of praise to you,
and I will call on the name of the Lord.

I will pay my vows to the Lord
in the sight of all his people,

in the courts of the house of the Lord,
in your midst, O Jerusalem.

Ἄρατε πύλας οἱ ἄρχοντες ὑμῶν,
καὶ ἐπάρθητε, πύλαι αἰώνιοι,
καὶ εἰσελεύσεται ὁ Βασιλεὺς τῆς δόξης.

Τίς ἐστιν οὗτος ὁ Βασιλεὺς τῆς δόξης;
Κύριος τῶν δυνάμεων,
αὐτός ἐστιν ὁ Βασιλεὺς τῆς δόξης.

Ψαλμὸς ΡΙΕ´ (115)

Ἐπίστευσα, διὸ ἐλάλησα·
ἐγὼ δὲ ἐταπεινώθην σφόδρα.

Ἐγὼ δὲ εἶπα ἐν τῇ ἐκστάσει μου·
Πᾶς ἄνθρωπος ψεύστης.

Τί ἀνταποδώσω τῷ Κυρίῳ
περὶ πάντων, ὧν ἀνταπέδωκέ μοι;

Ποτήριον σωτηρίου λήψομαι
καὶ τὸ ὄνομα Κυρίου ἐπικαλέσομαι.

Τὰς εὐχάς μου τῷ Κυρίῳ ἀποδώσω
ἐναντίον παντὸς τοῦ λαοῦ αὐτοῦ.

Τίμιος ἐναντίον Κυρίου
ὁ θάνατος τῶν ὁσίων αὐτοῦ.

Ὦ, Κύριε, ἐγὼ δοῦλος σὸς
καὶ υἱὸς τῆς παιδίσκης σου·
διέρρηξας τοὺς δεσμούς μου.

Σοὶ θύσω θυσίαν αἰνέσεως
καὶ ἐν ὀνόματι Κυρίου ἐπικαλέσομαι.

Τὰς εὐχάς μου τῷ Κυρίῳ ἀποδώσω
ἐναντίον παντὸς τοῦ λαοῦ αὐτοῦ,

ἐν αὐλαῖς οἴκου Κυρίου,
ἐν μέσῳ σου, Ἱερουσαλήμ.

Glory. Both now.
Alleluia, alleluia, alleluia, Glory to you, O God (*x3*).
Lord, have mercy (*x3*).

And the following Troparia.

Tone 6.

Lord, born from a Virgin,
overlook my iniquities
and purify my heart,
making it a temple of your most pure Body and Blood.
You, whose mercy is without measure,
do not cast me away from your presence,

Glory.

How do I, the unworthy, have the rashness to receive
Communion of your Sanctifying Gifts?
For should I dare approach with those who are worthy,
my garment convicts me,
for it is not that of the Supper,
and I would procure condemnation for my most sinful soul.
Purify the filth of my soul, Lord,
and save me, for you love humankind.

Both now. *Theotokion*

Many are the multitudes of my failings, Mother of God.
To you I come for refuge, pure Virgin, asking for salvation.
Visit my sick soul,
and intercede with your Son and our God
that I may be given forgiveness for the dreadful deeds I have
    done,
O only blessed one.

Δόξα. Καὶ νῦν.
Ἀλληλούϊα, ἀλληλούϊα, ἀλληλούϊα, δόξα σοι, ὁ Θεός (τρίς).
Κύριε, ἐλέησον (τρίς).

Καὶ τὰ παρόντα Τροπάρια·

Ἦχος πλ. β΄

Τὰς ἀνομίας μου πάριδε, Κύριε,
ὁ ἐκ Παρθένου τεχθείς,
καὶ τὴν καρδίαν μου καθάρισον,
ναὸν αὐτὴν ποιῶν τοῦ ἀχράντου σου Σώματος καὶ Αἵματος·
μή με ἐξουδενώσῃς ἀπὸ τοῦ σοῦ προσώπου,
ὁ ἀμέτρητον ἔχων τὸ μέγα ἔλεος.

Δόξα.

Εἰς τὴν μετάληψιν τῶν ἁγιασμάτων σου
πῶς ἀναιδεσθῶ ὁ ἀνάξιος;
Ἐὰν γὰρ τολμήσω σοι προσελθεῖν σὺν τοῖς ἀξίοις,
ὁ χιτών με ἐλέγχει,
ὅτι οὐκ ἔστι τοῦ Δείπνου,
καὶ κατάκρισιν προξενήσω τῇ πολυαμαρτήτῳ μου ψυχῇ.
Καθάρισον, Κύριε, τὸν ῥύπον τῆς ψυχῆς μου
καὶ σῶσόν με ὡς φιλάνθρωπος.

Καὶ νῦν. *Θεοτοκίον*

Πολλὰ τὰ πλήθη τῶν ἐμῶν, Θεοτόκε, πταισμάτων·
πρὸς σὲ κατέφυγον, ἁγνή, σωτηρίας δεόμενος.
Ἐπίσκεψαι τὴν ἀσθενοῦσάν μου ψυχὴν
καὶ πρέσβευε τῷ Υἱῷ σου καὶ Θεῷ ἡμῶν,
δοθῆναί μοι τὴν ἄφεσιν ὧν ἔπραξα δεινῶν,
μόνη εὐλογημένη.

But on Holy and Great Thursday the following.

When the glorious Disciples
were enlightened at the Supper by the washing of the feet,
then Judas, the ungodly,
sick from avarice, was darkened
and delivered you, the just Judge, to lawless judges.
Look, lover of money,
at one who hanged himself because of it.
Flee from that insatiable soul,
which dared such things against his Teacher.
Lord, loving towards all, glory to you.

Then Lord, have mercy (*x40*). *As many prostrations as you wish, and immediately the following Prayers of Supplication.*

Verses of Instruction

On how one should approach the most pure Mysteries.

When you are going to eat the Master's body,
Draw near with fear, lest you be burned: 'tis fire.
And when you drink God's blood to share in him,
With those who grieve you first be reconciled,
And then with boldness eat the mystic food.

Other similar verses.

Before you share in the dread sacrifice
Of the life-giving body of the Master,
With fear and trembling make your prayer like this:

1. By Saint Basil the Great

Master, Lord Jesus Christ, our God,
the source of life and immortality,
maker of all creation, visible and invisible,
the co-eternal and co-everlasting Son of the everlasting Father,
in the abundance of your goodness

ΑΚΟΛΟΥΘΙΑ ΤΗΣ ΘΕΙΑΣ ΜΕΤΑΛΗΨΕΩΣ

Τῇ δὲ ἁγίᾳ καὶ μεγάλῃ Πέμπτῃ τὸ παρόν·

Ὅτε οἱ ἔνδοξοι Μαθηταὶ
ἐν τῷ Νιπτῆρι τοῦ Δείπνου ἐφωτίζοντο,
τότε Ἰούδας ὁ δυσσεβὴς
φιλαργυρίαν νοσήσας ἐσκοτίζετο·
καὶ ἀνόμοις κριταῖς σὲ τὸν δίκαιον Κριτὴν παραδίδωσι.
Βλέπε, χρημάτων ἐραστά,
τὸν διὰ ταῦτα ἀγχόνῃ χρησάμενον·
φεῦγε ἀκόρεστον ψυχήν,
τὴν Διδασκάλῳ τοιαῦτα τολμήσασαν.
Ὁ περὶ πάντας ἀγαθός, Κύριε, δόξα σοι.

Εἶτα τὸ Κύριε, ἐλέησον μ'. Μετανοίας ὅσας βούλει· καὶ εὐθὺς τὰς ἑπομένας ἱκετηρίους Εὐχάς.

Στίχοι Διδακτικοί

Περὶ τοῦ πῶς δεῖ προσέρχεσθαι τοῖς ἀχράντοις Μυστηρίοις.

Μέλλων φαγεῖν, ἄνθρωπε, Σῶμα Δεσπότου,
φόβῳ πρόσελθε, μὴ φλεγῇς· πῦρ τυγχάνει.
Θεῖον δὲ πίνων Αἷμα πρὸς μετουσίαν,
πρῶτον καταλλάγηθι τοῖς σὲ λυποῦσιν,
ἔπειτα θαρρῶν μυστικὴν βρῶσιν φάγε.

Ἕτεροι ὅμοιοι.

Πρὸ τοῦ μετασχεῖν τῆς φρικώδους θυσίας,
τοῦ ζωοποιοῦ Σώματος τοῦ Δεσπότου,
Τῷδε πρόσευξαι τῷ τρόπῳ μετὰ τρόμου.

Εὐχὴ α'. Τοῦ Μεγάλου Βασιλείου

Δέσποτα Κύριε Ἰησοῦ Χριστέ, ὁ Θεὸς ἡμῶν,
ἡ πηγὴ τῆς ζωῆς καὶ τῆς ἀθανασίας,
ὁ πάσης ὁρατῆς καὶ ἀοράτου κτίσεως δημιουργός,
ὁ τοῦ ἀνάρχου Πατρὸς συναΐδιος Υἱὸς καὶ συνάναρχος,
ὁ δι' ὑπερβολὴν ἀγαθότητος

you put on flesh in these last days,
were crucified and slain for us, ungrateful and thankless though
  we are,
and with your own blood you refashioned our nature,
which had been corrupted by sin.
Accept, immortal King,
the repentance even of me, a sinner;
incline your ear to me and hearken to my words.

I have sinned, Lord,
I have sinned against heaven and before you,
and I am not worthy to gaze on the height of your glory.
I have angered your goodness
by transgressing your commandments and not obeying your
  ordinances.
But, Lord, since you are forbearing,
long-suffering, and full of mercy,
you have not handed me over to be destroyed along with my
  iniquities,
but have constantly waited for my conversion.

For you said, through your Prophet, O Lover of humankind,
I in no way desire the death of the sinner,
but rather that he be converted and live.
For you do not want the work of your hands to perish, Master,
nor do you take pleasure in the destruction of mortals,
but you want all to be saved and come to knowledge of the
  truth.

And so I too, though I am unworthy of heaven and earth
and of this transient life
—for I have made myself wholly subject to sin,
have become enslaved to pleasures, and defiled your image
but am nevertheless your creature and your handiwork—
do not despair of my salvation, wretch though I am,
but made bold by your measureless compassion I draw near.

ἐπ᾽ ἐσχάτων τῶν ἡμερῶν σάρκα φορέσας
καὶ σταυρωθεὶς καὶ τυθεὶς ὑπὲρ τῶν ἀχαρίστων καὶ
   ἀγνωμόνων ἡμῶν,
καὶ τῷ οἰκείῳ σου αἵματι ἀναπλάσας
τὴν φθαρεῖσαν ὑπὸ τῆς ἁμαρτίας φύσιν ἡμῶν·
αὐτός, ἀθάνατε Βασιλεῦ,
πρόσδεξαι κἀμοῦ τοῦ ἁμαρτωλοῦ τὴν μετάνοιαν
καὶ κλῖνον τὸ οὖς σου ἐπ᾽ἐμοὶ καὶ εἰσάκουσον τῶν
   ῥημάτων μου.

Ἥμαρτον γάρ, Κύριε,
ἥμαρτον εἰς τὸν οὐρανὸν καὶ ἐνώπιόν σου,
καὶ οὐκ εἰμὶ ἄξιος ἀτενίσαι εἰς τὸ ὕψος τῆς δόξης σου·
παρώργισα γάρ σου τὴν ἀγαθότητα,
τὰς σὰς ἐντολὰς παραβὰς καὶ μὴ ὑπακούσας τοῖς σοῖς
   προστάγμασιν.
Ἀλλὰ σύ, Κύριε, ἀνεξίκακος ὤν,
μακρόθυμός τε καὶ πολυέλεος,
οὐ παρέδωκάς με συναπολέσθαι ταῖς ἀνομίαις μου,
τὴν ἐμὴν πάντως ἀναμένων ἐπιστροφήν.

Σὺ γὰρ εἶπας, φιλάνθρωπε, διὰ τοῦ Προφήτου σου,
ὅτι οὐ θελήσει θέλω τὸν θάνατον τοῦ ἁμαρτωλοῦ,
ὡς τὸ ἐπιστρέψαι καὶ ζῆν αὐτόν·
οὐ γὰρ βούλει, Δέσποτα, τὸ πλάσμα τῶν σῶν ἀπολέσθαι
   χειρῶν,
οὐδὲ εὐδοκεῖς ἐπ᾽ ἀπωλείᾳ ἀνθρώπων,
ἀλλὰ θέλεις πάντας σωθῆναι καὶ εἰς ἐπίγνωσιν ἀληθείας
   ἐλθεῖν.

Διὸ κἀγώ, εἰ καὶ ἀνάξιός εἰμι τοῦ οὐρανοῦ καὶ τῆς γῆς
καὶ αὐτῆς τῆς προσκαίρου ζωῆς,
ὅλον ἐμαυτὸν ὑποτάξας τῇ ἁμαρτίᾳ
καὶ ταῖς ἡδοναῖς δουλώσας
καὶ τὴν σὴν ἀχρειώσας εἰκόνα,
ἀλλὰ ποίημα καὶ πλάσμα σὸν γεγονώς,

Receive me also, O Christ, lover of humankind,
as you received the Harlot, the Thief, the Publican, and the
 Prodigal.
Take away the heavy burden of my sins,
you who take away the sin of the world
and heal the infirmities of humankind;
who call to yourself those who toil and are heavy laden
and give them rest;
who did not come to call the just, but sinners to repentance.
Cleanse me of all defilement of flesh and spirit;
teach me to achieve perfect holiness by fear of you,
so that receiving a share of your holy gifts
with the witness of my conscience clean,
I may be united to your holy Body and Blood
and have you dwelling and abiding in me,
with the Father and your Holy Spirit.

Yes, Lord Jesus Christ my God,
may the communion of your most pure and life-giving Mysteries
not be to me for judgement;
may I not become weak in soul and body
from partaking of them unworthily;
but grant me, until my last breath,
to receive without condemnation a share of your sanctifying
 gifts,
for communion of the Holy Spirit,
provision for the journey to eternal life,
and an acceptable defence at your dread judgement seat,
so that I too, with all your chosen ones,
may become a sharer in your pure blessings,
which you have prepared for those who love you, Lord,
among whom you are glorified to the ages. Amen.

οὐκ ἀπογινώσκω τὴν ἐμαυτοῦ σωτηρίαν ὁ ἄθλιος·
τῇ δὲ σῇ ἀμετρήτῳ εὐσπλαγχνίᾳ θαρρήσας προσέρχομαι.

Δέξαι οὖν κἀμέ, φιλάνθρωπε Χριστέ,
ὡς τὴν Πόρνην, ὡς τὸν Ληστήν, ὡς τὸν Τελώνην καὶ ὡς τὸν
Ἄσωτον·
καὶ ἆρόν μου τὸ βαρὺ φορτίον τῶν ἁμαρτιῶν,
ὁ τὴν ἁμαρτίαν αἴρων τοῦ κόσμου
καὶ τὰς ἀσθενείας τῶν ἀνθρώπων ἰώμενος·
ὁ τοὺς κοπιῶντας καὶ πεφορτισμένους
πρὸς σεαυτὸν καλῶν καὶ ἀναπαύων·
ὁ μὴ ἐλθὼν καλέσαι δικαίους, ἀλλὰ ἁμαρτωλοὺς εἰς μετάνοιαν
καὶ καθάρισόν με ἀπὸ παντὸς μολυσμοῦ σαρκὸς καὶ
πνεύματος·
δίδαξόν με ἐπιτελεῖν ἁγιωσύνην ἐν φόβῳ σου·
ἵνα ἐν καθαρῷ τῷ μαρτυρίῳ τῆς συνειδήσεώς μου
τῶν ἁγιασμάτων σου τὴν μερίδα ὑποδεχόμενος,
ἑνωθῶ τῷ ἁγίῳ Σώματί σου καὶ Αἵματι
καὶ ἔξω σε ἐν ἐμοὶ κατοικοῦντα καὶ μένοντα,
σὺν τῷ Πατρὶ καὶ τῷ Ἁγίῳ σου Πνεύματι.

Ναί, Κύριε, Ἰησοῦ Χριστέ, ὁ Θεός μου·
καὶ μὴ εἰς κρῖμά μοι γένοιτο
ἡ μετάληψις τῶν ἀχράντων καὶ ζωοποιῶν Μυστηρίων σου,
μηδὲ ἀσθενὴς γενοίμην ψυχῇ τε καὶ σώματι
ἐκ τοῦ ἀναξίως αὐτῶν μεταλαμβάνειν·
ἀλλὰ δός μοι μέχρι τελευταίας μου ἀναπνοῆς
ἀκατακρίτως ὑποδέχεσθαι τὴν μερίδα τῶν ἁγιασμάτων σου,
εἰς Πνεύματος Ἁγίου κοινωνίαν,
εἰς ἐφόδιον ζωῆς αἰωνίου
καὶ εἰς εὐπρόσδεκτον ἀπολογίαν τὴν ἐπὶ τοῦ φοβεροῦ
βήματός σου,
ὅπως ἂν κἀγὼ σὺν πᾶσι τοῖς ἐκλεκτοῖς σου
μέτοχος γένωμαι τῶν ἀκηράτων σου ἀγαθῶν,
ὧν ἡτοίμασας τοῖς ἀγαπῶσί σε, Κύριε,
ἐν οἷς δεδοξασμένος ὑπάρχεις εἰς τοὺς αἰῶνας. Ἀμήν.

2. By the Same

I know, Lord, that I partake unworthily
of your most pure Body and your precious Blood,
that I am guilty and eat and drink judgement to myself,
not discerning your Body and Blood, Christ my God;
but made bold by your compassion I draw near to you,
   who said:
Those who eat my flesh and drink my blood, abide in me and
   I in them.

Have compassion on me, therefore, Lord,
and do not put me, a sinner, to public shame,
but deal with me in accordance with your mercy
and let these holy things
give me healing, cleansing, enlightenment,
protection, salvation, and sanctification of soul and body,
the averting of every delusion, every wicked deed and activity of
   the devil,
which operates intentionally in my members;
may they bring me confidence and love towards you;
amendment of life and assurance,
increase of virtue and perfection;
fulfilling of your commandments;
communion of the Holy Spirit;
provision for the journey to eternal life,
and an acceptable defence at your dread judgement seat;
not judgement or condemnation.

ΑΚΟΛΟΥΘΙΑ ΤΗΣ ΘΕΙΑΣ ΜΕΤΑΛΗΨΕΩΣ

Εὐχὴ β΄. Τοῦ αὐτοῦ

Οἶδα, Κύριε, ὅτι ἀναξίως μεταλαμβάνω
τοῦ ἀχράντου σου Σώματος καὶ τοῦ τιμίου σου Αἵματος
καὶ ἔνοχός εἰμι καὶ κρῖμα ἐμαυτῷ ἐσθίω καὶ πίνω,
μὴ διακρίνων τὸ Σῶμα καὶ Αἷμα σοῦ τοῦ Χριστοῦ καὶ Θεοῦ
  μου·
ἀλλὰ τοῖς οἰκτιρμοῖς σου θαρρῶν προσέρχομαί σοι, τῷ
  εἰπόντι·
Ὁ τρώγων μου τὴν Σάρκα καὶ πίνων μου τὸ Αἷμα ἐν ἐμοὶ
  μένει, κἀγὼ ἐν αὐτῷ.

Σπλαγχνίσθητι οὖν, Κύριε,
καὶ μὴ παραδειγματίσῃς με τὸν ἁμαρτωλόν,
ἀλλὰ ποίησον μετ᾽ ἐμοῦ κατὰ τὸ ἔλεός σου·
καὶ γενέσθω μοι τὰ ἅγια ταῦτα
εἰς ἴασιν καὶ κάθαρσιν καὶ φωτισμὸν
καὶ φυλακὴν καὶ σωτηρίαν καὶ ἁγιασμὸν
ψυχῆς καὶ σώματος·
εἰς ἀποτροπὴν πάσης φαντασίας καὶ πονηρᾶς πράξεως καὶ
  ἐνεργείας διαβολικῆς,
κατὰ διάνοιαν ἐν τοῖς μέλεσί μου ἐνεργουμένης·
εἰς παρρησίαν καὶ ἀγάπην τὴν πρὸς σέ·
εἰς διόρθωσιν βίου καὶ ἀσφάλειαν·
εἰς αὔξησιν ἀρετῆς καὶ τελειότητος·
εἰς πλήρωσιν ἐντολῶν·
εἰς Πνεύματος Ἁγίου κοινωνίαν·
εἰς ἐφόδιον ζωῆς αἰωνίου
καὶ εἰς ἀπολογίαν εὐπρόσδεκτον τὴν ἐπὶ τοῦ φοβεροῦ
  βήματός σου·
μὴ εἰς κρῖμα ἢ εἰς κατάκριμα.

3. By Saint John Chrysostom

Lord my God,
I know that I am not fit or worthy
for you to come under the roof of the house of my soul
because it is wholly desolate and ruined,
and you do not have in me a place worthy for you to lay your
   head.

But as you humbled yourself from on high for our sake,
so now limit yourself to the measure of my lowliness.
And as you accepted to be laid in a cave and a manger of
unreasoning beasts,
even so consent to enter the manger of my unreasoning soul
and my defiled body.

And as you did not disdain to go in
and sup with sinners in the house of Simon the leper,
so consent to enter the house of my poor soul,
leper and sinner though I am.

And as you did not reject the woman who was, like me, harlot
   and sinner,
when she drew near and touched you,
so have compassion also on me, a sinner, as I draw near and
   touch you.

And as you did not abhor her filthy and polluted mouth when it
   kissed you,
do not abhor my even filthier and more polluted mouth,
nor my foul, unclean and sordid lips,
and my yet more sordid tongue.

But let the burning coal of your all-holy Body and your precious
   Blood
bring me sanctification, enlightenment, and strengthening of my
   humble soul and body;
alleviation of the weight of my many offences;

ΑΚΟΛΟΥΘΙΑ ΤΗΣ ΘΕΙΑΣ ΜΕΤΑΛΗΨΕΩΣ

Εὐχὴ γʹ. Τοῦ Ἰωάννου τοῦ Χρυσοστόμου

Κύριε ὁ Θεός μου,
οἶδα ὅτι οὐκ εἰμὶ ἄξιος οὐδὲ ἱκανός,
ἵνα μου ὑπὸ τὴν στέγην εἰσέλθῃς τοῦ οἴκου τῆς ψυχῆς·
διότι ὅλη ἔρημος καὶ καταπεσοῦσά ἐστι,
καὶ οὐκ ἔχεις παρ' ἐμοὶ τόπον ἄξιον τοῦ κλῖναι τὴν κεφαλήν.

Ἀλλ' ὡς ἐξ ὕψους δι' ἡμᾶς ἐταπείνωσας σεαυτόν,
συμμετρίασον καὶ νῦν τῇ ταπεινώσει μου.
Καὶ ὡς κατεδέξω ἐν σπηλαίῳ καὶ φάτνῃ ἀλόγων ἀνακλιθῆναι,
οὕτω κατάδεξαι καὶ ἐν τῇ φάτνῃ τῆς ἀλόγου μου ψυχῆς
καὶ ἐν τῷ ἐσπιλωμένῳ μου σώματι εἰσελθεῖν.

Καὶ ὡς οὐκ ἀπηξίωσας εἰσελθεῖν
καὶ συνδειπνῆσαι ἁμαρτωλοῖς ἐν τῇ οἰκίᾳ Σίμωνος τοῦ
    λεπροῦ,
οὕτω κατάδεξαι εἰσελθεῖν καὶ εἰς τὸν οἶκον τῆς ταπεινῆς μου
    ψυχῆς,
τοῦ λεπροῦ καὶ ἁμαρτωλοῦ.

Καὶ ὡς οὐκ ἀπώσω τὴν ὁμοίαν μοι πόρνην καὶ ἁμαρτωλὸν
προσερχομένην καὶ ἁπτομένην σου,
οὕτω σπλαγχνίσθητι καὶ ἐπ' ἐμοὶ τῷ ἁμαρτωλῷ προσερχομένῳ
    καὶ ἁπτομένῳ σου.

Καὶ ὡς οὐκ ἐβδελύξω τὸ ῥυπαρὸν ἐκείνης στόμα καὶ ἐναγὲς
    καταφιλοῦν σε,
μηδὲ ἐμοῦ βδελύξῃ τὸ ῥυπαρώτερον ἐκείνης στόμα καὶ
    ἐναγέστερον,
μηδὲ τὰ ἔμμυσα καὶ ἀκάθαρτά μου χείλη καὶ βέβηλα
καὶ τὴν ἀκαθαρτοτέραν μου γλῶσσαν.

Ἀλλὰ γενέσθω μοι ὁ ἄνθραξ τοῦ παναγίου σου Σώματος
καὶ τοῦ τιμίου σου Αἵματος
εἰς ἁγιασμὸν καὶ φωτισμὸν καὶ ῥῶσιν τῆς ταπεινῆς μου ψυχῆς
    καὶ τοῦ σώματος·
εἰς κουφισμὸν τοῦ βάρους τῶν πολλῶν μου πλημμελημάτων·

protection against every activity of the devil;
averting and hindering of my mean and wicked habits;
mortification of the passions;
fulfilling of your commandments;
an increase of your divine grace, and the attaining of your
    kingdom.

For I do not draw near you in presumption, Christ my God,
but as one who takes courage from your ineffable goodness;
and so that I may not, by long absenting myself from
communion with you,
become prey to the intangible wolf.

Therefore I beg you, Master, as you alone are holy,
make holy my soul and body,
my mind and heart,
all my inward parts.
Renew the whole of me,
root the fear of you in my members,
and may your sanctification never be effaced in me.

Be my helper and defender,
direct my life in peace,
and make me worthy of the place at your right hand with your
    Saints;
at the prayers and entreaties of your all-immaculate Mother,
of your bodiless, ministering, and immaculate Powers
and of all your Saints, who have been well-pleasing to you from
    every age. Amen.

4. By the Same

I am not worthy, Master and Lord,
that you should come under the roof of my soul;
but since, as you love humankind, you wish to dwell in me,
with courage I draw near.

εἰς φυλακτήριον πάσης διαβολικῆς ἐνεργείας·
εἰς ἀποτροπὴν καὶ ἐμπόδιον τῆς φαύλης μου καὶ πονηρᾶς
  συνηθείας·
εἰς ἀπονέκρωσιν τῶν παθῶν·
εἰς περιποίησιν τῶν ἐντολῶν σου·
εἰς προσθήκην τῆς θείας σου χάριτος καὶ τῆς σῆς βασιλείας
  οἰκείωσιν.

Οὐ γὰρ ὡς καταφρονῶν προσέρχομαί σοι, Χριστὲ ὁ Θεός,
ἀλλ᾽ ὡς θαρρῶν τῇ ἀφάτῳ σου ἀγαθότητι,
καὶ ἵνα μή, ἐπὶ πολὺ ἀφιστάμενος τῆς κοινωνίας σου,
θηριάλωτος ὑπὸ τοῦ νοητοῦ λύκου γένωμαι.

Διὸ δέομαί σου, ὡς μόνος ὢν ἅγιος, Δέσποτα,
ἁγίασόν μου τὴν ψυχὴν καὶ τὸ σῶμα,
τὸν νοῦν καὶ τὴν καρδίαν,
τοὺς νεφροὺς καὶ τὰ σπλάγχνα,
καὶ ὅλον με ἀνακαίνισον
καὶ ῥίζωσον τὸν φόβον σου ἐν τοῖς μέλεσί μου
καὶ τὸν ἁγιασμόν σου ἀνεξάλειπτον ἀπ᾽ ἐμοῦ ποίησον.

Καὶ γενοῦ μοι βοηθὸς καὶ ἀντιλήπτωρ,
κυβερνῶν ἐν εἰρήνῃ τὴν ζωήν μου,
καταξιῶν με καὶ τῆς ἐκ δεξιῶν σου παραστάσεως μετὰ τῶν
  Ἁγίων σου·
εὐχαῖς καὶ πρεσβείαις τῆς παναχράντου σου Μητρός,
τῶν ἀΰλων σου λειτουργῶν καὶ ἀχράντων Δυνάμεων
καὶ πάντων τῶν Ἁγίων, τῶν ἀπ᾽ αἰῶνός σοι εὐαρεστησάντων.
  Ἀμήν.

Εὐχὴ δ΄. Τοῦ αὐτοῦ

Οὐκ εἰμὶ ἱκανός, Δέσποτα Κύριε,
ἵνα εἰσέλθῃς ὑπὸ τὴν στέγην τῆς ψυχῆς μου·
ἀλλ᾽ ἐπειδὴ βούλῃ σύ, ὡς φιλάνθρωπος, οἰκεῖν ἐν ἐμοί,
θαρρῶν προσέρχομαι.

You give the command;
I will open the gates which you alone created,
and you enter with love for humankind, as is your nature;
you enter and enlighten my darkened reasoning.

I believe that you will do this;
for you did not send away the Harlot when she drew near to you
    with tears,
you did not cast out the Publican when he repented,
reject the Thief when he acknowledged your kingship,
or forsake the Persecutor when he repented of what he was.
But all those who were brought to you by repentance
you ranked in the choir of your friends,
you who alone are blessed,
always, now, and to unending ages. Amen.

5. By the Same

Lord Jesus Christ, my God,
absolve, forgive, cleanse, and pardon me,
a sinner and your unprofitable and unworthy servant,
my failings, faults, and offences
by which I have sinned against you from my youth
until this present day and hour,
whether in knowledge or ignorance,
in words or deeds or thoughts or in intentions
and habits and in all my senses.

And at the intercession of Mary, your Mother,
the all-pure and Ever-Virgin, who conceived you without
    seed,
my only hope that does not disappoint,
my protection and salvation,
count me worthy to partake uncondemned
of your immaculate, immortal, life-giving and dread Mysteries
for forgiveness of sins and everlasting life;

Κελεύεις, ἀναπετάσω τὰς πύλας, ἃς σὺ μόνος ἐδημιούργησας,
καὶ εἰσέρχῃ μετὰ φιλανθρωπίας, ὡς πέφυκας·
εἰσέρχῃ καὶ φωτίζεις τὸν ἐσκοτισμένον μου λογισμόν.

Πιστεύω ὡς τοῦτο ποιήσεις·
οὐ γὰρ Πόρνην προσελθοῦσάν σοι μετὰ δακρύων ἀπέφυγες,
οὐδὲ Τελώνην ἀπεβάλου μετανοήσαντα,
οὐδὲ Λῃστὴν ἐπιγνόντα τὴν βασιλείαν σου ἀπεδίωξας,
οὐδὲ διώκτην μετανοήσαντα κατέλιπες ὃ ἦν·
ἀλλὰ τούς ὑπὸ τῆς μετανοίας σοι προσαχθέντας
ἅπαντας ἐν τῷ χορῷ τῶν σῶν φίλων κατέταξας,
ὁ μόνος ὑπάρχων εὐλογημένος,
πάντοτε, νῦν καὶ εἰς τοὺς ἀπεράντους αἰῶνας. Ἀμήν.

Εὐχὴ ε΄. Τοῦ αὐτοῦ

Κύριε Ἰησοῦ Χριστέ, ὁ Θεός μου,
ἄνες, ἄφες, ἱλάσθητι καὶ συγχώρησόν μοι
τῷ ἁμαρτωλῷ καὶ ἀχρείῳ καὶ ἀναξίῳ δούλῳ σου
τὰ πταίσματα καὶ πλημμελήματα καὶ παραπτώματά μου,
ὅσα σοι ἐκ νεότητός μου μέχρι τῆς παρούσης ἡμέρας καὶ ὥρας
ἥμαρτον,
εἴτε ἐν γνώσει καὶ ἀγνοίᾳ,
εἴτε ἐν λόγοις ἢ ἔργοις ἢ ἐνθυμήμασιν ἢ διανοήμασι
καὶ ἐπιτηδεύμασι καὶ πάσαις μου ταῖς αἰσθήσεσι.

Καὶ τῇ πρεσβείᾳ τῆς ἀσπόρως κυησάσης σε
παναχράντου καὶ ἀειπαρθένου Μαρίας τῆς Μητρός σου,
τῆς μόνης ἀκαταισχύντου ἐλπίδος καὶ προστασίας καὶ
σωτηρίας μου,
καταξίωσόν με ἀκατακρίτως μεταλαβεῖν
τῶν ἀχράντων καὶ ἀθανάτων καὶ ζωοποιῶν καὶ φρικτῶν
Μυστηρίων σου,
εἰς ἄφεσιν ἁμαρτιῶν καὶ εἰς ζωὴν αἰώνιον·

for sanctification, enlightenment, strength, healing, and health
    of soul and body;
the wiping out and complete disappearance of my wicked
    thoughts,
and desires, and purposes,
and night time apparitions of the dark and wicked spirits.

For the kingdom, the power, the glory, the honour, and the
    worship are yours,
with the Father and the Holy Spirit, now and for ever, and to
    the ages of ages. Amen.

6. By St John of Damascus

Master, Lord Jesus Christ our God,
who alone have authority to forgive sins;
as you are good and love mankind,
overlook all my offences committed in knowledge and in
    ignorance,
and count me worthy without condemnation to partake of your
divine, glorious, immaculate and life-giving Mysteries,
not for punishment, nor for the increase of my sins,
but for cleansing and sanctification
and a pledge of the life and kingdom to come,
for a wall, help, and routing of adversaries,
for the blotting out of my many transgressions.

For you are a God of mercy, compassion, and love for
    humankind,
and to you we give glory, with the Father and the Holy Spirit,
now and for ever and to the ages of ages. Amen.

ΑΚΟΛΟΥΘΙΑ ΤΗΣ ΘΕΙΑΣ ΜΕΤΑΛΗΨΕΩΣ

εἰς ἁγιασμὸν καὶ φωτισμὸν καὶ ῥώμην καὶ ἴασιν καὶ ὑγείαν
  ψυχῆς τε καὶ σώματος·
καὶ εἰς ἐξάλειψιν καὶ παντελῆ ἀφανισμὸν τῶν πονηρῶν μου
  λογισμῶν
καὶ ἐνθυμήσεων καὶ προλήψεων
καὶ νυκτερινῶν φαντασιῶν τῶν σκοτεινῶν καὶ πονηρῶν
  πνευμάτων.

Ὅτι σοῦ ἐστιν ἡ βασιλεία καὶ ἡ δύναμις καὶ ἡ δόξα καὶ ἡ τιμὴ
καὶ ἡ προσκύνησις, σὺν τῷ Πατρὶ καὶ τῷ Ἁγίῳ Πνεύματι, νῦν
καὶ ἀεὶ καὶ εἰς τοὺς αἰῶνας τῶν αἰώνων. Ἀμήν.

Εὐχὴ ϛʹ. Τοῦ Ἰωάννου τοῦ Δαμασκηνοῦ

Δέσποτα Κύριε Ἰησοῦ Χριστέ, ὁ Θεὸς ἡμῶν,
ὁ μόνος ἔχων ἐξουσίαν ἀνθρώποις ἀφιέναι ἁμαρτίας, ὡς
  ἀγαθὸς καὶ φιλάνθρωπος,
πάριδέ μου πάντα τὰ ἐν γνώσει καὶ ἀγνοίᾳ πταίσματα
καὶ ἀξίωσόν με ἀκατακρίτως μεταλαβεῖν τῶν θείων καὶ
  ἐνδόξων καὶ ἀχράντων καὶ ζωοποιῶν σου Μυστηρίων,
μὴ εἰς κόλασιν, μηδὲ εἰς προσθήκην ἁμαρτιῶν,
ἀλλ᾽ εἰς καθαρισμὸν καὶ ἁγιασμὸν
καὶ ἀρραβῶνα τῆς μελλούσης ζωῆς καὶ βασιλείας,
εἰς τεῖχος καὶ βοήθειαν καὶ ἀνατροπὴν τῶν ἐναντίων
καὶ εἰς ἐξάλειψιν τῶν πολλῶν μου πλημμελημάτων.

Σὺ γὰρ εἶ Θεὸς ἐλέους καὶ οἰκτιρμῶν καὶ φιλανθρωπίας, καὶ
σοὶ τὴν δόξαν ἀναπέμπομεν, σὺν τῷ Πατρὶ καὶ τῷ Ἁγίῳ
Πνεύματι, νῦν καὶ ἀεὶ καὶ εἰς τοὺς αἰῶνας τῶν αἰώνων. Ἀμήν.

7. By St Symeon the New Theologian

From filthy lips and from a loathsome heart,
An impure tongue, and a polluted soul
Receive my supplication, O my Christ,
Do not reject my words, my ways, or my
Presumption. Give me confidence to say
The things that I have wanted to, my Christ;
Or rather, teach me what I ought to do
And say. More than the Harlot I have sinned,
Who, when she learned where you were staying, bought
Sweet myrrh and came, with boldness to anoint
Your feet, my Christ, my Master and my God.
But, as you did not drive away the one
Whose heart made her draw near, O Word, do not
Abhor me; rather grant that I may clasp
Your feet, kiss and anoint them boldly with
A stream of tears, as with most precious myrrh.
Wash me with my tears, O Word, and with them
Cleanse me; forgive my faults and grant me pardon.
You know how many are my evil deeds,
You know my wounds, too, and you see my bruises;
But my faith, too, you know, and you behold
My eagerness; you also hear my groans.
My God, my Maker, my Redeemer, not
One tear escapes you, not one part of one.
Your eyes know all that I have not yet done;
The actions also as yet unperformed
Have been already written in your book.
Look on my lowliness, look on my toil,
How great it is. Forgive me all my sins,
O God of all things, that with a pure heart,
A fearful mind, and with a contrite soul
I may partake of your immaculate
And most pure Mysteries, by which all those

Εὐχὴ ζ΄. Τοῦ Συμεὼν τοῦ Νέου Θεολόγου

Ἀπὸ ῥυπαρῶν χειλέων,
ἀπὸ βδελυρᾶς καρδίας,
ἀπὸ ἀκαθάρτου γλώττης,
ἐκ ψυχῆς ἐρρυπωμένης,
δέξαι δέησιν, Χριστέ μου,
καὶ μὴ παρωσάμενός μου,
μὴ τοὺς λόγους, μὴ τοὺς τρόπους,
μηδὲ τὴν ἀναισχυντίαν,
δός μοι παρρησίαν λέγειν,
ἃ βεβούλευμαι, Χριστέ μου·
μᾶλλον δὲ καὶ δίδαξόν με,
τί με δεῖ ποιεῖν καὶ λέγειν·
Ἥμαρτον ὑπὲρ τὴν πόρνην,
ἥ, μαθοῦσα ποῦ κατάγεις,
μύρον ἐξωνησαμένη,
ἦλθε τολμηρῶς ἀλεῖψαι,
σοῦ τοὺς πόδας τοῦ Χριστοῦ μου,
τοῦ Δεσπότου καὶ Θεοῦ μου.
Ὡς ἐκείνην οὐκ ἀπώσω,
προσελθοῦσαν ἐκ καρδίας,
μηδ᾽ ἐμὲ βδελύξῃ, Λόγε·
σοὺς δὲ πάρασχέ μοι πόδας
καὶ κρατῆσαι καὶ φιλῆσαι
καὶ τῷ ῥείθρῳ τῶν δακρύων,
ὡς πολυτιμήτῳ μύρῳ,
τούτους τολμηρῶς ἀλεῖψαι.
Πλῦνόν με τοῖς δάκρυσί μου,
κάθαρον αὐτοῖς με, Λόγε·
ἄφες καὶ τὰ πταίσματά μου,
καὶ συγγνώμην πάρασχέ μοι·
Οἶδας τῶν κακῶν τὸ πλῆθος
οἶδας καὶ τὰ τραύματά μου·
καὶ τοὺς μώλωπας ὁρᾷς μου,

Who eat and drink you with a heart sincere
Are given life and truly deified.
For you have said, my Master: All who eat
My flesh and drink my blood abide in me,
While I am found in them. The word of my
Master and God is true in every way.
For one who shares God's deifying graces
Is not alone, but is with you, my Christ,
The light with triple sun, that lights the world.
And so that I may not remain alone
Apart from you, Giver of life, my breath,
My life, my joy, salvation of the world,
Because of this I now draw near to you,
As you can see, with tears and contrite heart,
Imploring that I may receive from you
Ransom from all my faults, and uncondemned
Share in your pure, life-giving Mysteries;
That you may, as you said, remain with me,
Most wretched that I am, lest the deceiver
Find me without your grace, and by his guile
Grab me and from your deifying words
Lead me astray. Because of this I fall
Before you, and with fervour cry to you:
As you accepted both the Prodigal
And, when she came to you, the Harlot, so
Accept me, too, harlot and prodigal,
Who now draws near to you with contrite soul.
Saviour, I know that none has sinned like me
Against you, none has done the deeds that I
Have done. But this I also know: neither
The magnitude of my offences nor
The number of my sins exceeds my God's
Forbearance and great love for humankind.
But with the oil of mercy and compassion
All those who fervently repent you cleanse,

ἀλλὰ καὶ τὴν πίστιν οἶδας
καὶ τὴν προθυμίαν βλέπεις
καὶ τοὺς στεναγμοὺς ἀκούεις.
Οὐ λανθάνει σε, Θεέ μου,
ποιητά μου, λυτρωτά μου,
οὐδὲ σταλαγμὸς δακρύων,
οὐδὲ σταλαγμοῦ τι μέρος.
Τὸ μὲν ἀκατέργαστόν μου
ἔγνωσαν οἱ ὀφθαλμοί σου·
ἐπὶ τὸ βιβλίον δέ σου,
καὶ τὰ μήπω πεπραγμένα
γεγραμμένα σοι τυγχάνει.
Ἴδε τὴν ταπείνωσίν μου,
ἴδε μου τὸν κόπον, ὅσος,
καὶ τὰς ἁμαρτίας πάσας
ἄφες μοι, Θεὲ τῶν ὅλων·
ἵνα καθαρᾷ καρδίᾳ,
περιτρόμῳ διανοίᾳ
καὶ ψυχῇ συντετριμμένῃ,
τῶν ἀχράντων σου μετάσχω
καὶ πανάγνων Μυστηρίων,
οἷς ζωοῦται καὶ θεοῦται
πᾶς ὁ τρώγων σε καὶ πίνων
ἐξ εἰλικρινοῦς καρδίας.
Σὺ γὰρ εἶπας, Δέσποτά μου·
Πᾶς ὁ τρώγων μου τὴν Σάρκα,
πίνων δέ μου καὶ τὸ Αἷμα,
ἐν ἐμοὶ μὲν οὗτος μένει,
ἐν αὐτῷ δ' ἐγὼ τυγχάνω.
Ἀληθὴς ὁ λόγος πάντως
τοῦ Δεσπότου καὶ Θεοῦ μου.
Τῶν γὰρ θείων ὁ μετέχων
καὶ θεοποιῶν χαρίτων
οὔμενουν, οὐκ ἔστι μόνος,
ἀλλὰ μετὰ σοῦ, Χριστέ μου,

Make radiant and let them share your light,
Bounteously making them partakers in
Your Godhead. And, though strange to Angels and
To mortal minds, you often speak with them
As with your own true friends. This makes me bold,
This gives me wings, my Christ, and confident
In your rich blessings for us, I partake
Of fire, with joy and yet with trembling,
For I am grass, but—wonder strange—
I am refreshed with dew ineffably,
Just as the bush of old was burning but
Yet unconsumed. Therefore with thankful mind,
With thankful heart, with thankful members of
Both soul and flesh I worship, magnify,
And glorify you, O my God, for you
Are ever blessed now and to the ages.

τοῦ φωτὸς τοῦ τρισηλίου,
τοῦ φωτίζοντος τὸν κόσμον.
Ἵνα γοῦν μὴ μόνος μένω
δίχα σοῦ τοῦ Ζωοδότου,
τῆς πνοῆς μου, τῆς ζωῆς μου,
τοῦ ἀγαλλιάματός μου,
τῆς τοῦ κόσμου σωτηρίας,
διὰ τοῦτό σοι προσῆλθον,
ὡς ὁρᾷς, μετὰ δακρύων,
καὶ ψυχῆς συντετριμμένης,
λύτρον τῶν ἐμῶν πταισμάτων,
ἱκετεύων τοῦ λαβεῖν με,
καὶ τῶν σῶν ζωοπαρόχων,
καὶ ἀμέμπτων Μυστηρίων
μετασχεῖν ἀκατακρίτως
ἵνα μένῃς, καθὼς εἶπας,
μετ' ἐμοῦ τοῦ τρισαθλίου·
ἵνα μή, χωρὶς εὑρών με
τῆς σῆς χάριτος ὁ πλάνος,
ἀφαρπάσῃ με δολίως,
καὶ πλανήσας ἀπαγάγῃ
τῶν θεοποιῶν σου λόγων.
Διὰ τοῦτό σοι προσπίπτω
καὶ θερμῶς ἀναβοῶ σοι·
ὡς τὸν ἄσωτον ἐδέξω,
καὶ τὴν πόρνην προσελθοῦσαν,
οὕτω δέξαι με τὸν πόρνον
καὶ τὸν ἄσωτον, Οἰκτίρμον,
ἐν ψυχῇ συντετριμμένῃ
νῦν με προσερχόμενόν σοι.
Οἶδα, Σῶτερ, ὅτι ἄλλος,
ὡς ἐγώ, οὐκ ἔπταισέ σοι,
οὐδὲ ἔπραξε τὰς πράξεις,
ἃς ἐγὼ κατειργασάμην.
Ἀλλὰ τοῦτο πάλιν οἶδα,

PREPARATION FOR HOLY COMMUNION

ὡς οὐ μέγεθος πταισμάτων
οὐχ ἁμαρτημάτων πλῆθος,
ὑπερβαίνει τοῦ Θεοῦ μου
τὴν πολλὴν μακροθυμίαν
καὶ φιλανθρωπίαν ἄκραν·
ἀλλ' ἐλαίῳ συμπαθείας
τοὺς θερμῶς μετανοοῦντας,
καὶ καθαίρεις, καὶ λαμπρύνεις,
καὶ φωτὸς ποιεῖς μετόχους,
κοινωνοὺς Θεότητός σου
ἐργαζόμενος ἀφθόνως·
καί, τὸ ξένον καὶ Ἀγγέλοις
καὶ ἀνθρώπων διανοίαις,
ὁμιλεῖς αὐτοῖς πολλάκις,
ὥσπερ φίλοις σου γνησίοις.

Ταῦτα τολμηρὸν ποιεῖ με,
ταῦτά με πτεροῖ, Χριστέ μου·
καὶ θαρρῶν ταῖς σαῖς πλουσίαις
πρὸς ἡμᾶς εὐεργεσίαις,
χαίρων τε καὶ τρέμων ἅμα,
τοῦ πυρὸς μεταλαμβάνω,
χόρτος, ὤν, καί, ξένον θαῦμα!
δροσιζόμενος ἀφράστως,
ὡσπεροῦν ἡ βάτος πάλαι,
ἡ ἀφλέκτως καιομένη.
Τοίνυν εὐχαρίστῳ γνώμῃ,
εὐχαρίστῳ δὲ καρδίᾳ,
εὐχαρίστοις μέλεσί μου,
τῆς ψυχῆς καὶ τῆς σαρκός μου,
προσκυνῶ καὶ μεγαλύνω
καὶ δοξάζω σε, Θεέ μου,
ὡς εὐλογημένον ὄντα
νῦν τε καὶ εἰς τοὺς αἰῶνας.

8. Of St Symeon Metaphrastes

Lord, alone pure and undefiled,
Christ Jesus, Wisdom of God, peace and power,
through the inexpressible compassion of your love for
   humankind you assumed our whole fabric
from the pure and virgin blood of her who conceived you in a
   manner above nature
by the coming of the divine Spirit and the good pleasure of the
   eternal Father.
 With the human nature, which you assumed, you accepted the
   life-giving and saving Passion,
the Cross, the Nails, the Lance, Death itself:
mortify the soul-destroying passions of my body.

By your burial you despoiled the palaces of Hell:
bury my wicked intentions through good thoughts,
and scatter the spirits of wickedness.

By your life-bearing Resurrection on the third day you
   raised up the fallen Forefather:
raise me up, who have sunk down through sin,
by setting before me ways of repentance.

By your glorious Assumption you deified the flesh that you
   assumed,
and honoured it with the throne at the Father's right hand:
count me worthy through the Communion of your holy
   Mysteries
to obtain the portion of the saved at your right hand.

By the descent of the Comforter Spirit
you made your sacred Disciples his precious vessels:
declare me too to be a receptacle of his coming.

You are going to come again to judge the whole world with
   justice:
be well pleased for me, my Maker and Fashioner, to go to meet

Εὐχὴ η΄. Τοῦ Συμεὼν τοῦ Μεταφραστοῦ

Ὁ μόνος καθαρὸς καὶ ἀκήρατος Κύριος,
ὁ δι' οἶκτον φιλανθρωπίας ἀνεκδιήγητον
τὸ ἡμέτερον ὅλον προσλαβόμενος φύραμα,
ἐκ τῶν ἁγνῶν καὶ παρθενικῶν αἱμάτων τῆς ὑπερφυῶς
    κυησάσης σε,
Πνεύματος θείου ἐπελεύσει καὶ εὐδοκίᾳ Πατρὸς ἀϊδίου,
Χριστὲ Ἰησοῦ, σοφία Θεοῦ καὶ εἰρήνη καὶ δύναμις·
ὁ τῷ προσλήμματί σου τὰ ζωοποιὰ καὶ σωτήρια πάθη
    καταδεξάμενος,
τὸν Σταυρόν, τοὺς Ἥλους, τὴν Λόγχην, τὸν Θάνατον,
νέκρωσόν μου τὰ ψυχοφθόρα πάθη τοῦ σώματος.

Ὁ τῇ ταφῇ σου τὰ τοῦ Ἅδου σκυλεύσας βασίλεια,
θάψον μου διὰ τῶν ἀγαθῶν λογισμῶν τὰ πονηρὰ διαβούλια
καὶ τὰ τῆς πονηρίας πνεύματα διασκέδασον.

Ὁ τῇ τριημέρῳ σου καὶ ζωηφόρῳ Ἀναστάσει
τὸν πεπτωκότα Προπάτορα ἀναστήσας,
ἀνάστησόν με τῇ ἁμαρτίᾳ κατολισθήσαντα, τρόπους μοι
    μετανοίας ὑποτιθέμενος.

Ὁ τῇ ἐνδόξῳ σου Ἀναλήψει τῆς σαρκὸς θεώσας τὸ
    πρόσλημμα
καὶ τοῦτο τῇ δεξιᾷ καθέδρᾳ τιμήσας τοῦ Πατρός,
ἀξίωσόν με διὰ τῆς τῶν ἁγίων σου Μυστηρίων μεταλήψεως
τῆς δεξιᾶς μερίδος τῶν σωζομένων τυχεῖν.

Ὁ τῇ ἐπιδημίᾳ τοῦ παρακλήτου Πνεύματος
σκεύη τίμια τοὺς ἱερούς σου Μαθητὰς ἐργασάμενος,
δοχεῖον κἀμὲ τῆς αὐτοῦ ἀνάδειξον ἐπελεύσεως.

Ὁ μέλλων πάλιν ἔρχεσθαι κρῖναι τὴν οἰκουμένην ἐν
    δικαιοσύνῃ,
εὐδόκησον κἀμὲ προϋπαντῆσαί σοι ἐν νεφέλαις τῷ ποιητῇ
    καὶ πλάστῃ μου
σὺν πᾶσι τοῖς Ἁγίοις σου·

you in the clouds,
with all your Saints,
so that I may unendingly glorify and sing your praise,
with your Father who has no beginning,
and your all-holy, good, and life-giving Spirit,
now and for ever, and to the ages of ages. Amen.

9. By St John Chrysostom

O God, absolve, remit, pardon me my offences,
all those by which I have sinned in word, deed, or thought,
willingly or unwillingly, in knowledge or in ignorance;
pardon me them all, as you are good and love humankind.

And at the intercession of your most pure Mother,
your spiritual ministers and holy Powers,
and of all the Saints, who have been well-pleasing to you since
   time began,
be well-pleased for me to receive without condemnation your
   holy and most pure Body and precious Blood,
for healing of soul and body,
and the wiping away of my wicked thoughts,
for the kingdom, the power, and glory are yours,
Father, Son and Holy Spirit,
now and for ever, and to the ages of ages. Amen.

10. By St John of Damascus

I stand before the doors of your Temple
yet do not refrain from evil thoughts.
But do you, Christ God,
who justified the Publican,
had mercy on the woman of Canaan,
and opened the gates of Paradise to the Thief,
open for me the compassion of your love for humankind

ἵνα ἀτελευτήτως δοξολογῶ καὶ ἀνυμνῶ σε,
σὺν τῷ ἀνάρχῳ σου Πατρὶ
καὶ τῷ παναγίῳ καὶ ἀγαθῷ καὶ ζωοποιῷ σου Πνεύματι,
νῦν καὶ ἀεὶ καὶ εἰς τοὺς αἰῶνας τῶν αἰώνων. Ἀμήν.

Εὐχὴ θ΄. Τοῦ Ἰωάννου τοῦ Χρυσοστόμου

Ὁ Θεός, ἄνες, ἄφες, συγχώρησόν μοι τὰ πλημμελήματά μου,
ὅσα σοι ἥμαρτον εἴτε ἐν λόγῳ, εἴτε ἐν ἔργῳ, εἴτε κατὰ
   διάνοιαν,
ἑκουσίως, ἢ ἀκουσίως, ἐν γνώσει, ἢ ἐν ἀγνοίᾳ,
πάντα μοι συγχώρησον, ὡς ἀγαθὸς καὶ φιλάνθρωπος.

Καὶ τῇ πρεσβείᾳ τῆς παναχράντου σου Μητρός,
τῶν νοερῶν λειτουργῶν, καὶ ἁγίων Δυνάμεων
καὶ πάντων τῶν ἁγίων, τῶν ἀπ᾽ αἰῶνός σοι εὐαρεστησάντων,
ἀκατακρίτως εὐδόκησον δέξασθαί με τὸ ἅγιον καὶ ἄχραντόν
   σου Σῶμα,
καὶ τὸ τίμιον Αἷμα,
εἰς ἴασιν ψυχῆς τε καὶ σώματος,
καὶ εἰς ἐξάλειψιν τῶν πονηρῶν μου λογισμῶν,
ὅτι σοῦ ἐστιν ἡ βασιλεία, καὶ ἡ δύναμις, καὶ ἡ δόξα
τοῦ Πατρὸς καὶ τοῦ Υἱοῦ καὶ τοῦ Ἁγίου Πνεύματος,
νῦν καὶ ἀεὶ καὶ εἰς τοὺς αἰῶνας τῶν αἰώνων. Ἀμήν.

Εὐχὴ ι΄. Τοῦ Ἰωάννου τοῦ Δαμασκηνοῦ

Πρὸ τῶν θυρῶν τοῦ ναοῦ σου παρέστηκα
καὶ τῶν δεινῶν λογισμῶν οὐκ ἀφίσταμαι·
ἀλλὰ σύ, Χριστὲ ὁ Θεός,
ὁ Τελώνην δικαιώσας
καὶ Χαναναίαν ἐλεήσας
καὶ τῷ Λῃστῇ Παραδείσου πύλας ἀνοίξας,
ἄνοιξόν μοι τὰ σπλάγχνα τῆς φιλανθρωπίας σου

and receive me as I draw near and touch you,
like the Harlot and the woman with an issue of blood.
For the one touched your hem
and readily received healing,
while the other clasped your most pure feet
and obtained remission of her sins.

But may I, poor wretch, who dare to receive your whole Body,
not be burned up;
but receive me like them,
enlighten the senses of my soul,
and burn up the indictment of my sin,
at the intercessions of her who gave birth to you without seed
and of the heavenly Powers;
for you are blessed to the ages of ages. Amen.

11. By St John Chrysostom

I believe, Lord, and I confess
that you are truly the Christ, the Son of the living God,
who came into the world to save sinners,
of whom I am first.

Also I believe that this is indeed your most pure Body,
and this indeed your precious Blood.

Therefore I beseech you,
have mercy on me and forgive me my offences,
voluntary and involuntary,
in word and in deed,
in knowledge and in ignorance,
and count me worthy to partake uncondemned of your most
    pure Mysteries
for forgiveness of sins and for eternal life. Amen.

καὶ δέξαι με προσερχόμενον καὶ ἁπτόμενόν σου,
ὡς τὴν πόρνην καὶ τὴν αἱμόρρουν·
ἡ μὲν γὰρ τοῦ κρασπέδου σου ἁψαμένη,
εὐχερῶς τὴν ἴασιν ἔλαβεν·
ἡ δὲ τοὺς σοὺς ἀχράντους πόδας κρατήσασα,
τὴν λύσιν τῶν ἁμαρτημάτων ἐκομίσατο.

Ἐγὼ δὲ ὁ ἐλεεινός, ὅλον σου τὸ Σῶμα τολμῶν δέξασθαι, μὴ
    καταφλεχθείην·
ἀλλὰ δέξαι με, ὥσπερ ἐκείνας,
καὶ φώτισόν μου τὰ τῆς ψυχῆς αἰσθητήρια,
καταφλέγων μου τὰ τῆς ἁμαρτίας ἐγκλήματα·
πρεσβείαις τῆς ἀσπόρως τεκούσης σε καὶ τῶν ἐπουρανίων
    Δυνάμεων.
Ὅτι εὐλογητὸς εἶ εἰς τοὺς αἰῶνας τῶν αἰώνων. Ἀμήν.

Εὐχὴ ια΄. Τοῦ Ἰωάννου τοῦ Χρυσοστόμου

Πιστεύω, Κύριε, καὶ ὁμολογῶ
ὅτι σὺ εἶ ἀληθῶς ὁ Χριστός, ὁ Υἱὸς τοῦ Θεοῦ τοῦ ζῶντος,
ὁ ἐλθὼν εἰς τὸν κόσμον ἁμαρτωλοὺς σῶσαι,
ὧν πρῶτός εἰμι ἐγώ.

Ἔτι πιστεύω ὅτι τοῦτο αὐτό ἐστι τὸ ἄχραντον Σῶμά σου
καὶ τοῦτο αὐτό ἐστι τὸ τίμιον Αἷμά σου.

Δέομαι οὖν σου·
Ἐλέησόν με καὶ συγχώρησόν μοι τὰ παραπτώματά μου,
τὰ ἑκούσια καὶ τὰ ἀκούσια,
τὰ ἐν λόγῳ, τὰ ἐν ἔργῳ,
τὰ ἐν γνώσει καὶ ἀγνοίᾳ·
καὶ ἀξίωσόν με ἀκατακρίτως μετασχεῖν τῶν ἀχράντων σου
    Μυστηρίων,
εἰς ἄφεσιν ἁμαρτιῶν καὶ εἰς ζωὴν αἰώνιον. Ἀμήν.

As you go to receive Communion say the following verses to yourself:

See, to divine Communion I draw near;
My Maker, burn me not as I partake,
For you are fire consuming the unworthy,
But therefore make me clean from every stain.

Then the following Troparion:

Of your mystical Supper, Son of God,
receive me today as a communicant;
for I will not tell of the Mystery to your enemies;
I will not give you a kiss, like Judas;
but like the Thief I confess you:
Remember me, Lord, in your kingdom.

Then again the following verses:

Tremble before the Blood that deifies.
A fiery coal it is that burns up the
Unworthy. God's own body deifies
And feeds me. Deifies the spirit and
The mind it nourishes in manner strange.

And the following Troparia:

You have smitten me with longing, O Christ,
and changed me by your divine love;
but with immaterial fire burn up my sins
and count me worthy to be filled with delight in you,
that as I leap for joy, O Good One,
I may magnify your first and second Comings.

How shall I, the unworthy, enter among the splendours of your
   Saints?
For if I dare to enter with them into the bridal chamber,
my dress convicts me, for it is not a wedding garment,
and I shall be bound and cast out by the Angels.

ΑΚΟΛΟΥΘΙΑ ΤΗΣ ΘΕΙΑΣ ΜΕΤΑΛΗΨΕΩΣ

Ἀπερχόμενος δὲ μεταλαβεῖν, λέγε τοὺς παρόντας στίχους τοῦ Μεταφραστοῦ·

Ἰδοὺ βαδίζω πρὸς θείαν Κοινωνίαν.
Πλαστουργέ, μὴ φλέξῃς με τῇ μετουσίᾳ·
πῦρ γὰρ ὑπάρχεις τοὺς ἀναξίους φλέγον·
ἀλλ᾽ οὖν κάθαρον ἐκ πάσης με κηλῖδος.

Εἶτα

Τοῦ Δείπνου σου τοῦ μυστικοῦ σήμερον, Υἱὲ Θεοῦ,
κοινωνόν με παράλαβε·
οὐ μὴ γὰρ τοῖς ἐχθροῖς σου τὸ Μυστήριον εἴπω·
οὐ φίλημά σοι δώσω, καθάπερ ὁ Ἰούδας·
ἀλλ᾽ ὡς ὁ Λῃστὴς ὁμολογῶ σοι·
Μνήσθητί μου, Κύριε, ἐν τῇ Βασιλείᾳ σου.

Καὶ τοὺς Στίχους τούτους.

Θεουργὸν Αἷμα φρῖξον, ἄνθρωπε, βλέπων·
ἄνθραξ γὰρ ἐστι τοὺς ἀναξίους φλέγων.
Θεοῦ τὸ σῶμα καὶ θεοῖ με καὶ τρέφει·
θεοῖ τὸ πνεῦμα, τὸν δὲ νοῦν τρέφει ξένως.

Καὶ τὰ Τροπάρια ταῦτα.

Ἔθελξας πόθῳ με, Χριστέ,
καὶ ἠλλοίωσας τῷ θείῳ σου ἔρωτι·
ἀλλὰ κατάφλεξον πυρὶ ἀΰλῳ τὰς ἁμαρτίας μου
καὶ ἐμπλησθῆναι τῆς ἐν σοὶ τρυφῆς καταξίωσον,
ἵνα τὰς δύο σκιρτῶν μεγαλύνω, ἀγαθέ, παρουσίας σου.

Ἐν ταῖς λαμπρότησι τῶν Ἁγίων σου πῶς εἰσελεύσομαι
    ὁ ἀνάξιος;
Ἐὰν γὰρ τολμήσω συνεισελθεῖν εἰς τὸν νυμφῶνα,
ὁ χιτών με ἐλέγχει, ὅτι οὐκ ἔστι τοῦ γάμου,
καὶ δέσμιος ἐκβαλοῦμαι ὑπὸ τῶν Ἀγγέλων.

Cleanse the stain of my soul, Lord, and save me, as you love humankind.

Then the following prayer:

Master, lover of humankind, Lord Jesus Christ, my God,
do not let these holy Mysteries be for my condemnation because of my unworthiness,
but rather for the cleansing and sanctification of both soul and body,
and as a pledge of the life and kingdom to come.
It is good for me to cleave to God,
to place in the Lord the hope of my salvation.

And again:

Of your mystical Supper, Son of God,
receive me today as a communicant;
for I will not tell of the Mystery to your enemies;
I will not give you a kiss, like Judas;
but like the Thief I confess you:
Remember me, Lord, in your kingdom.

When you have received Communion say:

This has touched my lips
and will take away my iniquities
and cleanse my sins.

Καθάρισον, Κύριε, τὸν ρύπον τῆς ψυχῆς μου καὶ σῶσόν με ὡς φιλάνθρωπος.

Καὶ τὴν παροῦσαν Εὐχήν.

Δέσποτα φιλάνθρωπε, Κύριε Ἰησοῦ Χριστέ, ὁ Θεός μου,
μὴ εἰς κρῖμά μοι γένοιτο τὰ ἅγια ταῦτα διὰ τὸ ἀνάξιον εἶναί
  με,
ἀλλ᾽ εἰς κάθαρσιν καὶ ἁγιασμὸν ψυχῆς τε καὶ σώματος
καὶ εἰς ἀρραβῶνα τῆς μελλούσης ζωῆς καὶ βασιλείας.
Ἐμοὶ δὲ τὸ προσκολλᾶσθαι τῷ Θεῷ ἀγαθόν ἐστι,
τίθεσθαι ἐν τῷ Κυρίῳ τὴν ἐλπίδα τῆς σωτηρίας μου.

Καὶ πάλιν.

Τοῦ Δείπνου σου τοῦ μυστικοῦ σήμερον, Υἱὲ Θεοῦ,
κοινωνόν με παράλαβε·
οὐ μὴ γὰρ τοῖς ἐχθροῖς σου τὸ Μυστήριον εἴπω·
οὐ φίλημά σοι δώσω, καθάπερ ὁ Ἰούδας·
ἀλλ᾽ ὡς ὁ Λῃστὴς ὁμολογῶ σοι·
Μνήσθητί μου, Κύριε, ἐν τῇ Βασιλείᾳ σου.

Καὶ μεταλαβὼν λέγε·

Τοῦτο ἥψατο τῶν χειλέων μου·
καὶ ἀφελεῖ τὰς ἀνομίας μου καὶ τὰς ἁμαρτίας μου
περικαθαριεῖ.

THANKSGIVING AFTER HOLY COMMUNION

Verses of Admonition

Whenever you have had Communion
Of the life-giving and transcendent gifts,
At once give praise and offer heartfelt thanks,
And from your soul say fervently to God:
Glory to you, O God. Glory to you, O God.
Glory to you, O God.

And immediately the prayers of thanksgiving

Anonymous

I thank you, Lord, my God,
because you have not rejected me a sinner,
but have counted me worthy to be a communicant of your Holy
    Things.

I thank you, because you have counted me, the unworthy,
worthy to share in your most pure and heavenly gifts.

But, Master, Lover of humankind,
who died for our sake and rose again,
and gave us these your awe-inspiring and life-giving Mysteries,
for the well-being and sanctification of our souls and bodies,
grant that these gifts may bring me also healing of soul and
    body,
the repelling of every adversary,
the enlightenment of the eyes of my heart,
peace of my spiritual powers,
faith unashamed,
love without pretence,
fullness of wisdom,

ΕΥΧΑΡΙΣΤΙΑ ΜΕΤΑ ΤΗΝ ΘΕΙΑΝ ΜΕΤΑΛΗΨΙΝ

Στίχοι προτρεπτικοί

Ἐπὰν δὲ τύχης τῆς καλῆς μετουσίας
Τῶν ζωοποιῶν μυστικῶν δωρημάτων,
Ὕμνησον εὐθύς, εὐχαρίστησον μέγα,
Καὶ τάδε θερμῶς ἐκ ψυχῆς Θεῷ λέγε·
Δόξα σοι, ὁ Θεός. Δόξα σοι, ὁ Θεός.
Δόξα σοι, ὁ Θεός.

Καὶ εὐθὺς τὰς εὐχαριστηρίους εὐχάς·

Ἀνωνύμου

Εὐχαριστῶ σοι, Κύριε ὁ Θεός μου,
ὅτι οὐκ ἀπώσω με τὸν ἁμαρτωλόν,
ἀλλὰ κοινωνόν με γενέσθαι τῶν ἁγιασμάτων σου κατηξίωσας.

Εὐχαριστῶ σοι, ὅτι με τὸν ἀνάξιον
μεταλαβεῖν τῶν ἀχράντων σου καὶ ἐπουρανίων δωρεῶν
κατηξίωσας.

Ἀλλά, Δέσποτα φιλάνθρωπε,
ὁ ὑπὲρ ἡμῶν ἀποθανών τε καὶ ἀναστάς,
καὶ χαρισάμενος ἡμῖν τὰ φρικτὰ ταῦτα καὶ ζωοποιά σου
   Μυστήρια,
ἐπ᾽ εὐεργεσίᾳ καὶ ἁγιασμῷ τῶν ψυχῶν καὶ τῶν σωμάτων   ἡμῶν,
δὸς γενέσθαι ταῦτα κἀμοὶ εἰς ἴασιν ψυχῆς τε καὶ σώματος,
εἰς ἀποτροπὴν παντὸς ἐναντίου,
εἰς φωτισμὸν τῶν ὀφθαλμῶν τῆς καρδίας μου,
εἰς εἰρήνην τῶν ψυχικῶν μου δυνάμεων,
εἰς πίστιν ἀκαταίσχυντον,
εἰς ἀγάπην ἀνυπόκριτον,
εἰς πλησμονὴν σοφίας,

the keeping of your commandments,
increase of your divine grace,
and the gaining of your Kingdom;
that preserved through them by your sanctification,
I may always remember your grace,
and no longer live for myself but for you, our Master and
  Benefactor.

And so, when I leave this present life in the hope of life eternal,
I shall find everlasting repose
where the sound of those who feast is unceasing,
and the delight of those who see the ineffable beauty of your
  face is unbounded.

For you are the true desire and the inexpressible joy of those
who love you, Christ, our God, and all creation hymns you to
the ages. Amen.

By Saint Basil the Great

Master, Christ God,
King of the ages, and Creator of all things,
I thank you for all the good things you have given me,
and for communion in your most pure and life-giving mysteries.

Therefore I pray you, O Good One, Lover of humankind:
guard me under your protection and in the shadow of your
  wings;
and grant that until my last breath I may share worthily
and with a pure conscience in your holy things
for remission of sins and everlasting life.

For you are the Bread of life,
the source of sanctification,
the giver of blessings;
and to you we give glory,

εἰς περιποίησιν τῶν ἐντολῶν σου,
εἰς προσθήκην τῆς θείας σου χάριτος,
καὶ τῆς σῆς βασιλείας οἰκείωσιν·
ἵνα ἐν τῷ ἁγιασμῷ σου δι' αὐτῶν φυλαττόμενος,
τῆς σῆς χάριτος μνημονεύω διὰ παντός, καὶ μηκέτι ἐμαυτῷ ζῶ,
ἀλλὰ σοί, τῷ ἡμετέρῳ Δεσπότῃ καὶ Εὐεργέτῃ.

Καὶ οὕτω, τοῦ τῇδε βίου ἀπάρας ἐπ' ἐλπίδι ζωῆς αἰωνίου,
εἰς τὴν ἀΐδιον καταντήσω ἀνάπαυσιν,
ἔνθα ὁ τῶν ἑορταζόντων ἦχος ὁ ἀκατάπαυστος,
καὶ ἡ ἀπέραντος ἡδονὴ τῶν καθορώντων τοῦ σοῦ προσώπου
   τὸ κάλλος τὸ ἄρρητον.

Σὺ γὰρ εἶ τὸ ὄντως ἐφετόν, καὶ ἡ ἀνέκφραστος εὐφροσύνη τῶν
ἀγαπώντων σε, Χριστὲ ὁ Θεὸς ἡμῶν, καὶ σὲ ὑμνεῖ πᾶσα ἡ
κτίσις εἰς τοὺς αἰῶνας. Ἀμήν.

Τοῦ Μεγάλου Βασιλείου

Δέσποτα Χριστέ, ὁ Θεός,
Βασιλεῦ τῶν αἰώνων, καὶ Δημιουργὲ τῶν ἁπάντων,
εὐχαριστῶ σοι ἐπὶ πᾶσιν οἷς παρέσχες μοι ἀγαθοῖς,
καὶ ἐπὶ τῇ Μεταλήψει τῶν ἀχράντων καὶ ζωοποιῶν σου
Μυστηρίων.

Δέομαι οὖν σου, ἀγαθὲ καὶ φιλάνθρωπε,
φύλαξόν με ὑπὸ τὴν σκέπην σου καὶ ἐν τῇ τῶν πτερύγων σου
   σκιᾷ·
καὶ δώρησαί μοι ἐν καθαρῷ συνειδότι, μέχρις ἐσχάτης μου
   ἀναπνοῆς,
ἐπαξίως μετέχειν τῶν ἁγιασμάτων σου,
εἰς ἄφεσιν ἁμαρτιῶν καὶ εἰς ζωὴν αἰώνιον.

Σὺ γὰρ εἶ ὁ ἄρτος τῆς ζωῆς,
ἡ πηγὴ τοῦ ἁγιασμοῦ,
ὁ δοτὴρ τῶν ἀγαθῶν·

with the Father and the Holy Spirit,
now and for ever, and to the ages of ages. Amen.

By Symeon Metaphrastes

You who willingly give me your flesh for food,
Who are a fire consuming the unworthy;
Do not burn me up, my Maker;
But penetrate the structure of my limbs,
All my joints, my inner parts, my heart.

Burn up the thorns of all my offences,
Purify my soul and sanctify my mind.
Strengthen my knees, together with my bones;
Enlighten the five-fold simpleness of my senses;
Nail down the whole of me with fear of you.

Always protect, guard, and keep me
From every soul-destroying deed and word.
Hallow me, purify me, bring me to harmony,
And give me beauty, understanding, light;
Show me to be your dwelling, the Spirit's house alone,
And no more the dwelling place of sin;
That, by the entrance of Communion,
Every evil-doer, every passion
May flee from me, your house, as from a fire.

As intercessors I bring you all the Saints,
The companies of the Bodiless Hosts,
Your Forerunner, the wise Apostles,
And with them your most pure and holy Mother;
Accept their prayers, O my compassionate Christ,
And make your worshipper a child of light.

For you alone are the sanctification of our souls,
O Good One, and their brightness,

καὶ σοὶ τὴν δόξαν ἀναπέμπομεν,
σὺν τῷ Πατρὶ καὶ τῷ Ἁγίῳ Πνεύματι,
νῦν καὶ ἀεὶ καὶ εἰς τοὺς αἰῶνας τῶν αἰώνων. Ἀμήν.

Συμεὼν τοῦ Μεταφραστοῦ

Ὁ δοὺς τροφήν μοι σάρκα σὴν ἑκουσίως,
ὁ πῦρ ὑπάρχων, καὶ φλέγων ἀναξίους,
μὴ δὴ καταφλέξῃς με, μή, πλαστουργέ μου·
μᾶλλον δίελθε πρὸς μελῶν μου συνθέσεις,
εἰς πάντας ἁρμούς, εἰς νεφρούς, εἰς καρδίαν.

Φλέξον δ᾽ ἀκάνθας τῶν ὅλων μου πταισμάτων·
ψυχὴν κάθαρον, ἁγίασον τὰς φρένας·
τὰς ἰγνύας στήριξον ὀστέοις ἅμα·
αἰσθήσεων φώτισον ἁπλῆν πεντάδα·
ὅλον με τῷ σῷ συγκαθήλωσον φόβῳ.

Ἀεὶ σκέπε, φρούρει τε καὶ φύλαττέ με,
ἐκ παντὸς ἔργου, καὶ λόγου ψυχοφθόρου.
Ἅγνιζε, καὶ κάθαιρε, καὶ ῥύθμιζέ με·
κάλλυνε, συνέτιζε, καὶ φώτιζέ με·
δεῖξόν με σὸν σκήνωμα Πνεύματος μόνου,
καὶ μηκέτι σκήνωμα τῆς ἁμαρτίας·
ἵν᾽ ὡς σὸν οἶκον, εἰσόδῳ κοινωνίας,
ὡς πῦρ με φεύγῃ πᾶς κακοῦργος, πᾶν πάθος.

Πρέσβεις φέρω σοι πάντας ἡγιασμένους,
τὰς ταξιαρχίας τε τῶν Ἀσωμάτων,
τὸν Πρόδρομόν σου, τοὺς σοφοὺς Ἀποστόλους,
πρὸς τοῖσδε, σὴν ἄχραντον, ἁγνὴν Μητέρα·
ὧν τὰς λιτάς, εὔσπλαγχνε, δέξαι, Χριστέ μου,
καὶ φωτὸς παῖδα τὸν σὸν ἔργασαι λάτριν.

Σὺ γὰρ ὑπάρχεις ἁγιασμὸς καὶ μόνος
ἡμῶν, Ἀγαθέ, τῶν ψυχῶν καὶ λαμπρότης,

And fittingly to you, as to our God and Master,
We all give praise and glory every day.

Anonymous

May your holy Body,
Lord Jesus Christ, our God,
bring me eternal life,
and your precious Blood forgiveness of sins.

May this Eucharist bring me joy, health, and gladness;
and at your dread Second Coming
make me, a sinner, worthy to stand at the right hand of your
    glory,
at the prayers of your all-pure Mother and of all your Saints.
    Amen.

Anonymous. To the Most Holy Mother of God

All-holy Lady, Mother of God,
the light of my darkened soul,
my hope, protection, refuge, comfort, joy,
I thank you,
because you have made me, the unworthy, worthy to become a
    partaker
in the most pure Body and precious Blood of your Son.

But, O you who gave birth to the true Light,
enlighten the spiritual eyes of my heart;
you who bore the source of immortality,
give life to me, who has been slain by sin;
you the compassionate Mother of the merciful God,
have mercy on me and give me compunction and contrition in
    my heart,

καὶ σοὶ πρεπόντως, ὡς Θεῷ καὶ Δεσπότῃ,
δόξαν ἅπαντες πέμπομεν καθ᾽ ἡμέραν.

Ἀνωνύμου

Τὸ Σῶμά σου τὸ ἅγιον,
Κύριε Ἰησοῦ Χριστὲ ὁ Θεὸς ἡμῶν,
γένοιτό μοι εἰς ζωὴν αἰώνιον,
καὶ τὸ Αἷμά σου τὸ τίμιον,
εἰς ἄφεσιν ἁμαρτιῶν.

Γένοιτο δέ μοι ἡ εὐχαριστία αὕτη εἰς χαράν, ὑγείαν καὶ
    εὐφροσύνην·
καὶ ἐν τῇ φοβερᾷ καὶ δευτέρᾳ ἐλεύσει σου
ἀξίωσόν με τὸν ἁμαρτωλὸν στῆναι ἐκ δεξιῶν τῆς σῆς δόξης,
πρεσβείαις τῆς παναχράντου σου Μητρός, καὶ πάντων σου
    τῶν Ἁγίων. Ἀμήν.

Ἀνωνύμου. Εἰς τὴν Ὑπεραγίαν Θεοτόκον

Παναγία Δέσποινα Θεοτόκε,
τὸ φῶς τῆς ἐσκοτισμένης μου ψυχῆς,
ἡ ἐλπίς, ἡ σκέπη, ἡ καταφυγή, ἡ παραμυθία, τὸ ἀγαλλίαμά
    μου,
εὐχαριστῶ σοι,
ὅτι ἠξίωσάς με τὸν ἀνάξιον κοινωνὸν γενέσθαι
τοῦ ἀχράντου Σώματος καὶ τοῦ τιμίου Αἵματος τοῦ Υἱοῦ σου.

Ἀλλ᾽ ἡ τεκοῦσα τὸ ἀληθινὸν Φῶς,
φώτισόν μου τοὺς νοητοὺς ὀφθαλμοὺς τῆς καρδίας·
ἡ τὴν πηγὴν τῆς ἀθανασίας κυήσασα,
ζωοποίησόν με τὸν τεθανατωμένον τῇ ἁμαρτίᾳ·
ἡ τοῦ ἐλεήμονος Θεοῦ φιλεύσπλαγχνος Μήτηρ,
ἐλέησόν με, καὶ δὸς κατάνυξιν καὶ συντριβὴν ἐν τῇ καρδίᾳ
    μου,

humility in my ideas,
and release from the imprisonment of my thoughts.

And count me worthy, until my last breath,
to receive without condemnation the sanctification of the most
    pure Mysteries,
for healing of soul and body;
and grant me tears of repentance and thanksgiving,
to praise and glorify you all the days of my life.

For you are blessed and glorified to the ages. Amen.
    [*The last clause is traditionally said three times*]

Song of Symeon

Now, Master, you let your servant depart in peace,
according to your word;
for my eyes have seen your salvation,
which you have prepared before the face of all peoples;
a light for revelation to the nations, and the glory of your people
    Israel.

Trisagion etc. See page 1.

Apolytikion of Saint John Chrysostom

The grace which shone from your mouth
like a torch of flame
enlightened the whole earth;
it laid up for the world the treasures of freedom from avarice;
it showed us the height of humility.
But as you train us by your words,
Father John Chrysostom,
intercede with Christ God, the Word,
that our souls may be saved.

Glory to the Father, and to the Son, and to the Holy Spirit.

καὶ ταπείνωσιν ἐν τοῖς διανοήμασί μου,
καὶ ἀνάκλησιν ἐν ταῖς αἰχμαλωσίαις τῶν λογισμῶν μου.

Καὶ ἀξίωσόν με, μέχρι τελευταίας μου ἀναπνοῆς,
ἀκατακρίτως ὑποδέχεσθαι τῶν ἀχράντων Μυστηρίων τὸν
   ἁγιασμόν,
εἰς ἴασιν ψυχῆς τε καὶ σώματος·
καὶ παράσχου μοι δάκρυα μετανοίας καὶ ἐξομολογήσεως,
εἰς τὸ ὑμνεῖν καὶ δοξάζειν σε πάσας τὰς ἡμέρας τῆς ζωῆς μου.

Ὅτι εὐλογημένη καὶ δεδοξασμένη ὑπάρχεις εἰς τοὺς αἰῶνας.
   Ἀμήν. (ἐκ τρίτου)

Ὠδὴ Συμεών

Νῦν ἀπολύεις τὸν δοῦλόν σου, Δέσποτα,
κατὰ τὸ ῥῆμά σου ἐν εἰρήνῃ·
ὅτι εἶδον οἱ ὀφθαλμοί μου τὸ σωτήριόν σου,
ὃ ἡτοίμασας κατὰ πρόσωπον πάντων τῶν λαῶν·
φῶς εἰς ἀποκάλυψιν ἐθνῶν καὶ δόξαν λαοῦ σου Ἰσραήλ.

Τρισάγιον κλπ. (βλ. σελ. 1.)

Ἀπολυτίκιον τοῦ Χρυσοστόμου

Ἡ τοῦ στόματός σου,
καθάπερ πυρσός, ἐκλάμψασα χάρις
τὴν οἰκουμένην ἐφώτισεν·
ἀφιλαργυρίας τῷ κόσμῳ θησαυροὺς ἐναπέθετο·
τὸ ὕψος ἡμῖν τῆς ταπεινοφροσύνης ὑπέδειξεν.
Ἀλλὰ σοῖς λόγοις παιδεύων,
Πάτερ Ἰωάννη Χρυσόστομε,
πρέσβευε τῷ Λόγῳ Χριστῷ τῷ Θεῷ,
σωθῆναι τὰς ψυχὰς ἡμῶν.

Δόξα Πατρὶ καὶ Υἱῷ καὶ Ἁγίῳ Πνεύματι.

Kontakion of Saint John Chrysostom

You received divine grace from heaven,
and through your lips you teach us all
to worship one God in Trinity,
venerable John Chrysostom, wholly blessed.
Fittingly we praise you,
for you are a teacher
who makes clear things divine.

After the Liturgy of Saint Basil

Apolytikion of Saint Basil the Great

Your sound has gone out into all the earth,
for it has received your word,
through which you taught in a manner worthy of God:
for you explained the nature of what exists;
you set in order human conduct.
Royal priesthood,
venerable Father, implore Christ God
to grant us his great mercy.

Glory to the Father, and to the Son, and to the Holy Spirit.

Kontakion of Saint Basil the Great

You appeared as an unshakeable foundation for the Church,
maintaining its authority
as a sure refuge for all mortals,
sealing it by your doctrines,
venerable Basil, Revealer of heaven.

Both now and for ever, and to the ages of ages. Amen.

Theotokion

At the prayers of all your Saints
and of the Mother of God,

Κοντάκιον τοῦ Χρυσοστόμου

Ἐκ τῶν οὐρανῶν ἐδέξω τὴν θείαν χάριν,
καὶ διὰ τῶν σῶν χειλέων πάντας διδάσκεις,
προσκυνεῖν ἐν Τριάδι τὸν ἕνα Θεόν,
Ἰωάννη Χρυσόστομε, παμμακάριστε, ὅσιε.
Ἐπαξίως εὐφημοῦμέν σε·
ὑπάρχεις γάρ καθηγητής,
ὡς τὰ θεῖα σαφῶν.

Ὅταν γίνεται Λειτουργία τοῦ Μεγάλου Βασιλείου, λέγομεν·

Ἀπολυτίκιον τοῦ Μεγάλου Βασιλείου

Εἰς πᾶσαν τὴν γῆν ἐξῆλθεν ὁ φθόγγος σου
ὡς δεξαμένην τὸν λόγον σου,
δι' οὗ θεοπρεπῶς ἐδογμάτισας,
τὴν φύσιν τῶν ὄντων ἐτράνωσας,
τὰ τῶν ἀνθρώπων ἤθη κατεκόσμησας·
βασίλειον ἱεράτευμα,
πάτερ ὅσιε, πρέσβευε Χριστῷ τῷ Θεῷ
σωθῆναι τὰς ψυχὰς ἡμῶν.

Δόξα Πατρὶ καὶ Υἱῷ καὶ Ἁγίῳ Πνεύματι.

Κοντάκιον τοῦ Μεγάλου Βασιλείου

Ὤρθης βάσις ἄσειστος τῇ Ἐκκλησίᾳ,
νέμων πᾶσιν ἄσυλον,
τὴν κυριότητα βροτοῖς
ἐπισφραγίζων σοῖς δόγμασιν,
οὐρανοφάντορ Βασίλειε ὅσιε.

Καὶ νῦν καὶ ἀεὶ καὶ εἰς τοὺς αἰῶνας τῶν αἰώνων. Ἀμήν.

Θεοτοκίον

Τῇ πρεσβείᾳ, Κύριε,
πάντων τῶν Ἁγίων καὶ τῆς Θεοτόκου,

grant us your peace, O Lord, and have mercy on us,
for you alone are compassionate.

Lord, have mercy (*x12*). Glory. Both now.

Greater in honour than the Cherubim,
and beyond compare more glorious than the Seraphim,
without corruption you gave birth to God the Word;
truly the Mother of God, we magnify you.

Glory to the Father, and to the Son, and to the Holy Spirit,
both now and for ever, and to the ages of ages. Amen.
Lord, have mercy (*x3*).

And the Lesser Dismissal.

May (*on Sundays:* he who rose from the dead,) Christ our true
God, through the prayers of his all-pure and holy Mother, of the
holy, glorious, and all-praised Apostles, [of Saint *N.* (*to whom
the church is dedicated*),] of Saint *N.,* whose memory we keep
today, of our father among the Saints John Chrysostom,
Archbishop of Constantinople, and of all the Saints, have mercy
on us and save us, for he is good and loves humankind.

Through the prayers of our holy fathers, Lord Jesus Christ our
God, have mercy on us. Amen.

τὴν σὴν εἰρήνην δὸς ἡμῖν καὶ ἐλέησον ἡμᾶς,
ὡς μόνος οἰκτίρμων.

Κύριε, ἐλέησον ιβ΄. Δόξα. Καὶ νῦν.

Τὴν τιμιωτέραν τῶν Χερουβεὶμ
καὶ ἐνδοξοτέραν ἀσυγκρίτως τῶν Σεραφείμ,
τὴν ἀδιαφθόρως Θεὸν Λόγον τεκοῦσαν,
τὴν ὄντως Θεοτόκον, σὲ μεγαλύνομεν.

Δόξα Πατρὶ καὶ Υἱῷ καὶ Ἁγίῳ Πνεύματι·
καὶ νῦν καὶ ἀεὶ καὶ εἰς τοὺς αἰῶνας τῶν αἰώνων. Ἀμήν.
Κύριε, ἐλέησον, (τρίς).

Καὶ Ἀπόλυσις.

Ὁ ἀναστὰς ἐκ νεκρῶν (*εἴπερ ἐστὶ Κυριακή*), Χριστὸς
ὁ ἀληθινὸς Θεὸς ἡμῶν, ταῖς πρεσβείαις τῆς παναχράντου καὶ
παναμώμου ἁγίας αὐτοῦ Μητρός, τῶν ἁγίων, ἐνδόξων καὶ
πανευφήμων Ἀποστόλων, τοῦ ἁγίου (*δεῖνος — τοῦ Ναοῦ*), τοῦ
ἁγίου (*δεῖνος — τῆς ἡμέρας*), οὗ καὶ τὴν μνήμην ἐπιτελοῦμεν,
τοῦ ἐν ἁγίοις πατρὸς ἡμῶν Ἰωάννου ἀρχιεπισκόπου
Κωνσταντινουπόλεως τοῦ Χρυσοστόμου, καὶ πάντων τῶν
Ἁγίων, ἐλεῆσαι καὶ σῶσαι ἡμᾶς, ὡς ἀγαθὸς καὶ φιλάνθρωπος.

Δι' εὐχῶν τῶν ἁγίων πατέρων ἡμῶν, Κύριε Ἰησοῦ Χριστέ,
ὁ Θεὸς ἡμῶν, ἐλέησον ἡμᾶς. Ἀμήν.

OTHER PRAYERS

The Jesus Prayer

Lord, Jesus Christ, Son of God, have mercy on me [, a sinner].

The Prayer of St Ephrem the Syrian

Lord and Master of my life, do not give me a spirit of sloth, idle curiosity, love of power, and useless chatter. (*Prostration*)

Rather accord to me, your servant, a spirit of chastity, humility, patience, and love. (*Prostration*)

Yes, Lord and King, grant me to see my own faults and not to condemn my brother; for you are blessed to the ages of ages. Amen. (*Prostration*)

For Sunday

Having seen the Resurrection of Christ
let us worship the Holy Lord Jesus,
the only sinless one.

We worship your Cross, O Christ,
and we praise and glorify your holy Resurrection.
For you are our God,
we know no other but you,
we name you by name.

Come all the faithful,
let us worship the holy Resurrection of Christ;
for see, through the Cross, joy has come to all the world.
Ever blessing the Lord, we sing his Resurrection,

ΔΙΑΦΟΡΟΙ ΕΥΧΑΙ

Εὐχὴ τοῦ Ἰησοῦ

Κύριε, Ἰησοῦ Χριστέ, Υἱὲ τοῦ Θεοῦ, ἐλέησόν με (, τὸν ἁμαρτωλόν).

Εὐχὴ τοῦ ὁσίου Ἐφραὶμ τοῦ Σύρου

Κύριε καὶ Δέσποτα τῆς ζωῆς μου, πνεῦμα ἀργίας, περιεργείας, φιλαρχίας, καὶ ἀργολογίας μή μοι δῷς. (μετάνοια)

Πνεῦμα δὲ σωφροσύνης, ταπεινοφροσύνης, ὑπομονῆς καὶ ἀγάπης, χάρισαί μοι τῷ σῷ δούλῳ. (μετάνοια)

Ναί, Κύριε Βασιλεῦ, δώρησαί μοι τὸ ὁρᾶν τὰ ἐμὰ πταίσματα καὶ μὴ κατακρίνειν τὸν ἀδελφόν μου, ὅτι εὐλογητὸς εἶ εἰς τοὺς αἰῶνας τῶν αἰώνων. Ἀμήν. (μετάνοια)

Εὐχὴ τῆς Κυριακῆς

Ἀνάστασιν Χριστοῦ θεασάμενοι,
προσκυνήσωμεν Ἅγιον Κύριον Ἰησοῦν,
τὸν μόνον ἀναμάρτητον.

Τὸν Σταυρόν σου, Χριστέ,
προσκυνοῦμεν καὶ τὴν ἁγίαν σου Ἀνάστασιν
ὑμνοῦμεν καὶ δοξάζομεν·
σὺ γὰρ εἶ Θεὸς ἡμῶν,
ἐκτὸς σοῦ ἄλλον οὐκ οἴδαμεν,
τὸ ὄνομά σου ὀνομάζομεν.

Δεῦτε πάντες οἱ πιστοί,
προσκυνήσωμεν τὴν τοῦ Χριστοῦ ἁγίαν Ἀνάστασιν·
ἰδοὺ γὰρ ἦλθε διὰ τοῦ Σταυροῦ χαρὰ ἐν ὅλῳ τῷ κόσμῳ.
Διὰ παντὸς εὐλογοῦντες τὸν Κύριον,

for having endured the Cross for us,
he has destroyed death by death.

Prayer of St Mardarios, for Nine in the Morning

God and Master, Father almighty,
Lord, only-begotten Son, Jesus Christ,
and Holy Spirit,
one godhead, one power,
have mercy on me a sinner;
and by the judgements which you know,
save me your unworthy servant;
for you are blessed to the ages of ages. Amen.

Prayer of Saint Basil the Great, for Midday

God and Lord of powers, and Maker of all creation,
who through the compassion of your incomprehensible mercy
sent down your only-begotten Son, our Lord Jesus Christ,
for the salvation of our race,
and through his precious Cross tore up the record of our sins,
and by it triumphed over the principalities and powers of
    darkness;
do you yourself, O Master who loves humankind,
accept also from us sinners
these supplications of thanksgiving and entreaty;
and deliver us from every destroying and dark transgression,
and from all our foes, visible and invisible, who seek to harm us.
Nail down our flesh through fear of you,
and do not let our hearts incline to words or thoughts of evil,
but wound our souls with longing for you;
so that ever gazing on you and guided by the light that comes
    from you,

ΚΑΤΑΝΥΚΤΙΚΑΙ ΕΥΧΑΙ

ὑμνοῦμεν τὴν Ἀνάστασιν αὐτοῦ·
Σταυρὸν γὰρ ὑπομείνας δι' ἡμᾶς, θανάτῳ θάνατον ὤλεσεν.

Εὐχὴ τῆς α΄ ὥρας τοῦ ἁγίου Μαρδαρίου

Δέσποτα Θεέ, Πάτερ παντοκράτορ,
Κύριε Υἱὲ μονογενές, Ἰησοῦ Χριστέ,
καὶ Ἅγιον Πνεῦμα,
μία Θεότης, μία Δύναμις,
ἐλέησόν με τὸν ἁμαρτωλόν·
καὶ οἷς ἐπίστασαι κρίμασι,
σῶσόν με τὸν ἀνάξιον δοῦλόν σου·
ὅτι εὐλογητὸς εἶ εἰς τοὺς αἰῶνας τῶν αἰώνων. Ἀμήν.

Εὐχὴ τῆς ς΄ ὥρας τοῦ Μεγάλου Βασιλείου

Θεὲ καὶ Κύριε τῶν δυνάμεων καὶ πάσης κτίσεως Δημιουργέ,
ὁ διὰ σπλάγχνα ἀνεικάστου ἐλέους σου
τὸν μονογενῆ σου Υἱόν, τὸν Κύριον ἡμῶν Ἰησοῦν Χριστόν,
καταπέμψας ἐπὶ σωτηρίᾳ τοῦ γένους ἡμῶν,
καὶ διὰ τοῦ τιμίου αὐτοῦ Σταυροῦ τὸ χειρόγραφον τῶν
    ἁμαρτιῶν ἡμῶν διαρρήξας
καὶ θριαμβεύσας ἐν αὐτῷ τὰς ἀρχὰς καὶ ἐξουσίας τοῦ σκότους·
Αὐτός, Δέσποτα φιλάνθρωπε,
πρόσδεξαι καὶ ἡμῶν τῶν ἁμαρτωλῶν
τὰς εὐχαριστηρίους ταύτας καὶ ἱκετηρίους ἐντεύξεις·
καὶ ῥῦσαι ἡμᾶς ἀπὸ παντὸς ὀλεθρίου καὶ σκοτεινοῦ
    παραπτώματος
καὶ πάντων τῶν κακῶσαι ἡμᾶς ζητούντων ὁρατῶν καὶ ἀοράτων
    ἐχθρῶν.
Καθήλωσον ἐκ τοῦ φόβου σου τὰς σάρκας ἡμῶν,
καὶ μὴ ἐκκλίνῃς τὰς καρδίας ἡμῶν εἰς λόγους, ἢ εἰς λογισμοὺς
    πονηρίας,
ἀλλὰ τῷ πόθῳ σου τρῶσον ἡμῶν τὰς ψυχάς·
ἵνα, πρὸς σὲ διὰ παντὸς ἀτενίζοντες, καὶ τῷ παρὰ σοῦ φωτὶ
    ὁδηγούμενοι,

seeing you the unapproachable and everlasting light,
we may give unceasing thanks and confession
to you, the Father who is without beginning,
with your only-begotten Son,
and your all-holy, good and life-giving Spirit,
now and for ever, and to the ages of ages. Amen.

Prayer of Saint Basil the Great, for Three in the Afternoon

Master, Lord Jesus Christ, our God,
who has long endured our transgressions
and brought us to the present hour,
in which hanging on the life-giving tree
you showed the good Thief the way into Paradise
and destroyed death by death,
have mercy also on us sinners and your unworthy servants.
For we have sinned and trespassed
and are not worthy to raise our eyes and look on the height of
    heaven;
because we have abandoned the way of your justice
and walked in the wishes of our hearts.
But we implore your unbounded goodness:
spare us, O Lord, according to the multitude of your mercy,
and save us for your holy name's sake,
for our days have been wasted in vanity.
Rescue us from the hand of our opponent,
forgive us our sins, slay our carnal will,
that we, having put off the old self, may put on the new,
and live for you, our Master and benefactor;
and that thus following your precepts
we may reach eternal rest, where those who rejoice have their
    dwelling.

σὲ τὸ ἀπρόσιτον καὶ ἀΐδιον κατοπτεύοντες φῶς,
ἀκατάπαυστόν σοι τὴν ἐξομολόγησιν καὶ εὐχαριστίαν
  ἀναπέμπωμεν,
τῷ ἀνάρχῳ Πατρί,
σὺν τῷ μονογενεῖ σου Υἱῷ
καὶ τῷ παναγίῳ καὶ ἀγαθῷ καὶ ζωοποιῷ σου Πνεύματι,
νῦν καὶ ἀεὶ καὶ εἰς τοὺς αἰῶνας τῶν αἰώνων. Ἀμήν.

Εὐχὴ τῆς θ´ ὥρας τοῦ Μεγάλου Βασιλείου

Δέσποτα Κύριε Ἰησοῦ Χριστὲ ὁ Θεὸς ἡμῶν,
ὁ μακροθυμήσας ἐπὶ τοῖς ἡμῶν πλημμελήμασι
καὶ ἄχρι τῆς παρούσης ὥρας ἀγαγὼν ἡμᾶς,
ἐν ᾗ ἐπὶ τοῦ ζωοποιοῦ ξύλου κρεμάμενος,
τῷ εὐγνώμονι λῃστῇ τὴν εἰς τὸν Παράδεισον ὡδοποίησας
  εἴσοδον
καὶ θανάτῳ τὸν θάνατον ὤλεσας,
ἱλάσθητι ἡμῖν τοῖς ἁμαρτωλοῖς καὶ ἀναξίοις δούλοις σου·
ἡμάρτομεν γὰρ καὶ ἠνομήσαμεν
καὶ οὐκ ἐσμὲν ἄξιοι ἆραι τὰ ὄμματα ἡμῶν καὶ βλέψαι εἰς τὸ
  ὕψος τοῦ οὐρανοῦ·
διότι κατελίπομεν τὴν ὁδὸν τῆς δικαιοσύνης σου
καὶ ἐπορεύθημεν ἐν τοῖς θελήμασι τῶν καρδιῶν ἡμῶν.
Ἀλλ᾽ ἱκετεύομεν τὴν σὴν ἀνείκαστον ἀγαθότητα·
Φεῖσαι ἡμῶν, Κύριε, κατὰ τὸ πλῆθος τοῦ ἐλέους σου
καὶ σῶσον ἡμᾶς διὰ τὸ ὄνομά σου τὸ ἅγιον,
ὅτι ἐξέλιπον ἐν ματαιότητι αἱ ἡμέραι ἡμῶν.
Ἐξελοῦ ἡμᾶς τῆς τοῦ ἀντικειμένου χειρὸς
καὶ ἄφες ἡμῖν τὰ ἁμαρτήματα καὶ νέκρωσον τὸ σαρκικὸν ἡμῶν
  φρόνημα,
ἵνα, τὸν παλαιὸν ἀποθέμενοι ἄνθρωπον, τὸν νέον ἐνδυσώμεθα,
καὶ σοὶ ζήσωμεν, τῷ ἡμετέρῳ Δεσπότῃ καὶ κηδεμόνι,
καὶ οὕτω τοῖς σοῖς ἀκολουθοῦντες προστάγμασιν,
εἰς τὴν αἰώνιον ἀνάπαυσιν καταντήσωμεν,
ἔνθα πάντων ἐστὶ τῶν εὐφραινομένων ἡ κατοικία.

For you are indeed the true joy and gladness of those who love
  you,
Christ our God, and to you we give glory,
together with your Father who is without beginning,
and your all-holy, good and life-giving Spirit,
now and for ever, and to the ages of ages. Amen.

Σὺ γὰρ εἶ ἡ ὄντως ἀληθινὴ εὐφροσύνη καὶ ἀγαλλίασις τῶν
  ἀγαπώντων σε,
Χριστὲ ὁ Θεὸς ἡμῶν, καὶ σοὶ τὴν δόξαν ἀναπέμπομεν,
σὺν τῷ ἀνάρχῳ σου Πατρὶ
καὶ τῷ παναγίῳ καὶ ἀγαθῷ καὶ ζωοποιῷ Πνεύματι,
νῦν καὶ ἀεὶ καὶ εἰς τοὺς αἰῶνας τῶν αἰώνων. Ἀμήν.

PRAYERS FOR THE DEPARTED

With the spirits of the righteous made perfect in death
give rest, O Saviour, to the soul[s] of your servant[s];
keeping it [them] for the life of blessedness with you,
O Lover of humankind.

In your repose
where all your Saints find rest,
give rest, O Lord, to the soul[s] of your servant[s],
for you alone are immortal.

Glory to the Father, and to the Son, and to the Holy Spirit.

You are our God who descended into Hell
and did away with the pains of those who had been bound;
give rest, O Saviour, also to the soul[s] of your servant[s].

Both now and for ever, and to the ages of ages. Amen.

Theotokion

O only pure and spotless Virgin,
who ineffably bore God.
intercede for the salvation of the soul[s] of your servant[s].

Troparia for the Departed

O only Creator,
who with depth of wisdom orders all things with love for

ΕΥΧΑΙ ΥΠΕΡ ΤΩΝ ΚΕΚΟΙΜΗΜΕΝΩΝ

Μετὰ πνευμάτων δικαίων τετελειωμένων,
τὴν ψυχὴν (ἢ τὰς ψυχὰς) τοῦ δούλου σου (ἢ τῆς δούλης σου,
    ἢ τῶν δούλων σου),
Σῶτερ ἀνάπαυσον·
φυλάττων αὐτὴν (ἢ αὐτὰς) εἰς τὴν μακαρίαν ζωήν,
τὴν παρὰ σοί, φιλάνθρωπε.

Εἰς τὴν κατάπαυσίν σου, Κύριε,
ὅπου πάντες οἱ ἅγιοί σου ἀναπαύονται,
ἀνάπαυσον καὶ τὴν ψυχὴν (ἢ τὰς ψυχὰς) τοῦ δούλου σου
    (ἢ τῆς δούλης σου, ἢ τῶν δούλων σου),
ὅτι μόνος ὑπάρχεις ἀθάνατος.

Δόξα Πατρὶ καὶ Υἱῷ καὶ Ἁγίῳ Πνεύματι.

Σὺ εἶ ὁ Θεὸς ἡμῶν, ὁ καταβὰς εἰς Ἅδην,
καὶ τὰς ὀδύνας λύσας τῶν πεπεδημένων·
αὐτὸς καὶ τὴν ψυχὴν (ἢ τὰς ψυχὰς) τοῦ δούλου σου
    (ἢ τῆς δούλης σου, ἢ τῶν δούλων σου),
Σῶτερ ἀνάπαυσον·

Καὶ νῦν καὶ ἀεὶ καὶ εἰς τοὺς αἰῶνας τῶν αἰώνων. Ἀμήν.

Θεοτοκίον

Ἡ μόνη ἁγνὴ καὶ ἄχραντος Παρθένος,
ἡ Θεὸν ἀφράστως κυήσασα,
πρέσβευε ὑπὲρ τοῦ σωθῆναι
τὴν ψυχὴν (ἢ τὰς ψυχὰς) τοῦ δούλου σου
    (ἢ τῆς δούλης σου, ἢ τῶν δούλων σου).

Τροπάρια ὑπὲρ τῶν Κεκοιμημένων

Ὁ βάθει σοφίας φιλανθρώπως πάντα οἰκονομῶν
καὶ τὸ συμφέρον πᾶσιν ἀπονέμων,
μόνε Δημιουργέ,

humankind,
and apportions to all what is for their good;
give rest, Lord, to the souls of your servants,
for they put their hope in you,
our Maker, and Fashioner, and God.

Give rest with the just,
our Saviour, to your servants
and make them dwell in your courts,
as it is written;
as you are good overlooking their offences,
voluntary and involuntary,
and all that they committed through ignorance or through
knowledge, O Lover of humankind.

Truly all things are vanity,
life is but a shadow and a dream,
and vainly do humans trouble themselves, as the Scripture says.
For when we have gained the world,
then we shall dwell in the tomb,
where kings and beggars are the same.
Therefore, Christ God, give rest to those who have passed over,
for you love humankind.

Kontakion. Tone 8.

With the Saints give rest, O Christ,
to the soul[s] of your servant[s],
where there is neither toil, nor grief, nor sighing,
but life everlasting.

Ikos

You alone are immortal,
who made and fashioned humankind;
we mortals then were formed from earth
and to that same earth we shall go,
as you who formed me commanded saying:

ἀνάπαυσον, Κύριε, τὰς ψυχὰς τῶν δούλων σου·
ἐν σοὶ γὰρ τὴν ἐλπίδα ἀνέθεντο,
τῷ ποιητῇ καὶ πλάστῃ καὶ Θεῷ ἡμῶν.

Ἀνάπαυσον, Σωτὴρ ἡμῶν,
μετὰ δικαίων τούς δούλους σου,
καὶ τούτους κατασκήνωσον ἐν ταῖς αὐλαῖς σου,
καθὼς γέγραπται,
παρορῶν, ὡς ἀγαθός,
τὰ πλημμελήματα αὐτῶν τὰ ἑκούσια, καὶ τὰ ἀκούσια,
καὶ πάντα τὰ ἐν ἀγνοίᾳ καὶ γνώσει, φιλάνθρωπε.

Ἀληθῶς ματαιότης τὰ σύμπαντα,
ὁ δὲ βίος, σκιὰ καὶ ἐνύπνιον·
καὶ γὰρ μάτην ταράττεται πᾶς γηγενής, ὡς εἶπεν ἡ Γραφή·
ὅτε τὸν κόσμον κερδήσωμεν,
τότε τῷ τάφῳ οἰκήσωμεν,
ὅπου ὁμοῦ βασιλεῖς καὶ πτωχοί·
διὸ Χριστὲ ὁ Θεός, τοὺς μεταστάντας ἀνάπαυσον,
ὡς φιλάνθρωπος.

Κοντάκιον. ˥*Ηχος πλ. δ´*

Μετὰ τῶν ἁγίων ἀνάπαυσον, Χριστέ,
τὰς ψυχὰς τῶν δούλων σου,
ἔνθα οὐκ ἔστι πόνος, οὐ λύπη, οὐ στεναγμός,
ἀλλὰ ζωὴ ἀτελεύτητος.

῾*Ο Οἶκος*

Αὐτὸς μόνος ὑπάρχεις ἀθάνατος,
ὁ ποιήσας καὶ πλάσας τὸν ἄνθρωπον·
οἱ βροτοὶ οὖν ἐκ γῆς διεπλάσθημεν,
καὶ εἰς γῆν τὴν αὐτὴν πορευσόμεθα,
καθὼς ἐκέλευσας ὁ πλάσας με, καὶ εἰπών μοι·
῞Οτι γῆ εἶ, καὶ εἰς γῆν ἀπελεύσῃ·

You are earth, and you will go back to earth,
to which all we mortals will go
making our funeral lament a song:
Alleluia.

*The Prayer for Saturday Morning may also be used.
See page 7.*

ὅπου πάντες βροτοί πορευσόμεθα,
ἐπιτάφιον θρῆνον ποιοῦντες ᾠδὴν τό,
Ἀλληλούϊα.

Ἤ τὴν εὐχὴν διὰ τοὺς κεκοιμημένους. (Βλ. σελ. 7.)

HYMNS FROM THE SERVICE BOOKS

1. APOLYTIKIA AND KONTAKIA OF THE RESURRECTION FOR SUNDAYS IN THE EIGHT TONES

First Tone

When the stone had been sealed by the Jews,
and while soldiers were guarding your most pure Body,
you rose, O Saviour, on the third day, giving life to the world;
therefore the heavenly Powers cried out to you, Giver of life:
Glory to your Resurrection, O Christ!
Glory to your Kingdom!
Glory to your dispensation, only lover of mankind!

Kontakion

You rose from the tomb as God in glory,
and raised the world up with you.
Mortal nature sang your praise as God,
and death disappeared.
Adam dances, Master,
and Eve, now freed from her chains,
rejoices as she cries:
It is you, O Christ, who grant Resurrection to all.

Second Tone

When you went down to death,
O immortal life,
then you slew Hell with the lightning flash of your Godhead;
but when from the depths below the earth you raised the dead,
all the Powers beyond the heavens cried out:
Giver of life, Christ our God, glory to you!

ΥΜΝΟΙ ΑΠΟ ΤΩΝ ΑΚΟΛΟΥΘΙΩΝ

Α. ΑΠΟΛΥΤΙΚΙΑ ΚΑΙ ΚΟΝΤΑΚΙΑ ΑΝΑΣΤΑΣΙΜΑ ΤΗΣ ΚΥΡΙΑΚΗΣ ΤΩΝ ΟΚΤΩ ΗΧΩΝ

Ἦχος α´

Τοῦ λίθου σφραγισθέντος ὑπὸ τῶν Ἰουδαίων,
καὶ στρατιωτῶν φυλασσόντων τὸ ἄχραντόν σου Σῶμα,
ἀνέστης τριήμερος Σωτήρ, δωρούμενος τῷ κόσμῳ τὴν ζωήν.
Διὰ τοῦτο αἱ Δυνάμεις τῶν οὐρανῶν ἐβόων σοι Ζωοδότα·
Δόξα τῇ Ἀναστάσει σου, Χριστέ·
δόξα τῇ βασιλείᾳ σου·
δόξα τῇ οἰκονομίᾳ σου, μόνε φιλάνθρωπε.

Κοντάκιον

Ἐξανέστης ὡς Θεὸς ἐκ τοῦ τάφου ἐν δόξῃ,
καὶ κόσμον συνανέστησας,
καὶ ἡ φύσις τῶν βροτῶν ὡς Θεόν σε ἀνύμνησε,
καὶ θάνατος ἠφάνισται,
καὶ ὁ Ἀδὰμ χορεύει, Δέσποτα,
καὶ ἡ Εὕα νῦν ἐκ τῶν δεσμῶν λυτρουμένη,
χαίρει κράζουσα·
Σὺ εἶ ὁ πᾶσι παρέχων, Χριστέ, τὴν Ἀνάστασιν.

Ἦχος β´

Ὅτε κατῆλθες πρὸς τὸν θάνατον,
ἡ ζωὴ ἡ ἀθάνατος,
τότε τὸν Ἅδην ἐνέκρωσας τῇ ἀστραπῇ τῆς θεότητος·
ὅτε δὲ καὶ τοὺς τεθνεῶτας ἐκ τῶν καταχθονίων ἀνέστησας,
πᾶσαι αἱ Δυνάμεις τῶν ἐπουρανίων ἐκραύγαζον·
Ζωοδότα Χριστέ, ὁ Θεὸς ἡμῶν, δόξα σοι.

Kontakion

You rose from the tomb, all-powerful Saviour,
and seeing the marvel Hell was struck with fear.
The dead arose,
and creation, seeing it, rejoices with you.
Adam shares in the joy;
and the world ever praises you, my Saviour.

Third Tone

Let everything in heaven rejoice,
let everything on earth be glad,
for the Lord has shown strength with his arm;
by death he has trampled on death;
he has become the first-born from the dead;
from the belly of Hell he has delivered us,
and granted the world his great mercy.

Kontakion. Today the Virgin

You arose today
from the tomb, O Merciful One,
and led us out from the gates of death.
Adam dances today,
and Eve rejoices;
Prophets too along with Patriarchs
praise without ceasing
the divine might of your authority.

Fourth Tone

When the women Disciples of the Lord
had learnt from the Angel
the joyful message of the Resurrection,
casting away the ancestral condemnation,
triumphantly they said to the Apostles:
Death has been despoiled,

ΥΜΝΟΙ ΑΠΟ ΤΩΝ ΑΚΟΛΟΥΘΙΩΝ

Κοντάκιον

Ἀνέστης, Σωτήρ, ἐκ τάφου Παντοδύναμε,
καὶ Ἅδης, ἰδών τὸ θαῦμα ἐξεπλήττετο,
καὶ νεκροί ἀνίσταντο,
καὶ ἡ κτίσις ἰδοῦσα συγχαίρει σοι,
καὶ ὁ Ἀδὰμ συναγάλλεται,
καὶ κόσμος, Σωτήρ μου, ἀνυμνεῖ σε ἀεί.

Ἦχος γ´

Εὐφραινέσθω τὰ οὐράνια,
ἀγαλλιάσθω τὰ ἐπίγεια,
ὅτι ἐποίησε κράτος ἐν βραχίονι αὐτοῦ ὁ Κύριος·
ἐπάτησε τῷ θανάτῳ τὸν θάνατον,
πρωτότοκος τῶν νεκρῶν ἐγένετο,
ἐκ κοιλίας Ἅδου ἐρρύσατο ἡμᾶς,
καὶ παρέσχε τῷ κόσμῳ τὸ μέγα ἔλεος.

Κοντάκιον. Ἡ Παρθένος σήμερον.

Ἐξανέστης σήμερον
ἀπὸ τοῦ τάφου, Οἰκτίρμον,
καὶ ἡμᾶς ἐξήγαγες ἐκ τῶν πυλῶν τοῦ θανάτου·
σήμερον Ἀδὰμ χορεύει,
καὶ χαίρει Εὔα, ἅμα δέ,
καὶ οἱ Προφῆται, σὺν Πατριάρχαις,
ἀνυμνοῦσιν ἀκαταπαύστως,
τὸ θεῖον κράτος τῆς ἐξουσίας σου.

Ἦχος δ´

Τὸ φαιδρὸν τῆς Ἀναστάσεως κήρυγμα
ἐκ τοῦ Ἀγγέλου μαθοῦσαι,
αἱ τοῦ Κυρίου Μαθήτριαι,
καὶ τὴν προγονικὴν ἀπόφασιν ἀπορρίψασαι,
τοῖς Ἀποστόλοις καυχώμεναι ἔλεγον·
Ἐσκύλευται ὁ θάνατος,

Christ God has been raised,
granting the world his great mercy.

Kontakion

My Saviour and Deliverer,
from the tomb
as God you raised from their bonds those born of earth
and smashed the gates of Hell,
and as Master you rose on the third day.

Fifth Tone

Let us believers praise and let us worship the Word,
who like the Father and the Spirit is without beginning,
born from a Virgin for our salvation;
for he was well pleased to ascend the Cross in the flesh
and undergo death,
and to raise those who had died,
by his glorious Resurrection.

Kontakion

You descended into Hell, Christ my Saviour;
as All-powerful smashed its gates,
as Creator raised the dead with you,
crushed the sting of death
and delivered Adam from the curse, O Lover of humankind.
Therefore we all cry to you:
Save us, O Lord!

Sixth Tone

Angelic Powers were at your grave,
and those who guarded it became as dead,
and Mary stood by the tomb, seeking your most pure Body.

ἠγέρθη Χριστὸς ὁ Θεός,
δωρούμενος τῷ κόσμῳ τὸ μέγα ἔλεος.

Κοντάκιον

Ὁ Σωτὴρ καὶ ῥύστης μου,
ἀπὸ τοῦ τάφου,
ὡς Θεὸς ἀνέστησεν,
ἐκ τῶν δεσμῶν τοὺς γηγενεῖς,
καὶ πύλας Ἅδου συνέτριψε,
καὶ ὡς Δεσπότης ἀνέστης τριήμερος.

Ἦχος πλ. α΄

Τὸν συνάναρχον Λόγον Πατρὶ καὶ Πνεύματι,
τὸν ἐκ Παρθένου τεχθέντα εἰς σωτηρίαν ἡμῶν,
ἀνυμνήσωμεν πιστοὶ καὶ προσκυνήσωμεν·
ὅτι ηὐδόκησε σαρκὶ ἀνελθεῖν ἐν τῷ Σταυρῷ,
καὶ θάνατον ὑπομεῖναι,
καὶ ἐγεῖραι τοὺς τεθνεῶτας,
ἐν τῇ ἐνδόξῳ Ἀναστάσει αὐτοῦ.

Κοντάκιον

Πρὸς τὸν Ἅδην, Σωτήρ μου, συγκαταβέβηκας,
καὶ τὰς πύλας συντρίψας ὡς παντοδύναμος,
τοὺς θανόντας ὡς Κτίστης συνεξανέστησας,
καὶ θανάτου τὸ κέντρον, Χριστέ, συνέτριψας,
καὶ Ἀδὰμ τῆς κατάρας ἐρρύσω, Φιλάνθρωπε·
διὸ πάντες σοι κράζομεν·
Σῶσον ἡμᾶς, Κύριε.

Ἦχος πλ. β΄

Ἀγγελικαὶ Δυνάμεις ἐπὶ τὸ μνῆμά σου,
καὶ οἱ φυλάσσοντες ἀπενεκρώθησαν·
καὶ ἵστατο Μαρία ἐν τῷ τάφῳ, ζητοῦσα τὸ ἄχραντόν σου
  Σῶμα·

You despoiled Hell and emerged unscathed;
you met the Virgin and granted life.
Lord, risen from the dead, glory to you!

Kontakion

With his life-giving hand,
Christ God, the Giver of life,
raised all from the murky vaults below
and gave resurrection
as the prize to mortal clay;
for he is the Saviour of all,
resurrection and life,
and the God of all that is.

Seventh Tone

You abolished death by your Cross,
you opened Paradise to the Thief,
you transformed the Myrrhbearers' lament,
and ordered your Apostles to proclaim
that you had risen, O Christ God,
granting the world your great mercy.

Kontakion

No longer does the might of death
have power to keep mortals captive;
for Christ came down, breaking in pieces
and destroying its power.
Now Hell is bound,
the Prophets with one voice in joy declare:
The Saviour has appeared to those with faith.
Come out, believers, to the Resurrection!

ἐσκύλευσας τὸν Ἅδην, μὴ πειρασθεὶς ὑπ' αὐτοῦ·
ὑπήντησας τῇ Παρθένῳ, δωρούμενος τὴν ζωήν.
Ὁ ἀναστὰς ἐκ τῶν νεκρῶν, Κύριε, δόξα σοι.

Κοντάκιον

Τῇ ζωαρχικῇ παλάμῃ τοὺς τεθνεῶτας,
ἐκ τῶν ζοφερῶν κευθμώνων ὁ Ζωοδότης,
ἀναστήσας ἅπαντας Χριστὸς ὁ Θεός,
τὴν ἀνάστασιν ἐβράβευσε,
τῷ βροτείῳ φυράματι·
ὑπάρχει γὰρ πάντων Σωτήρ,
ἀνάστασις καὶ ζωή,
καὶ Θεὸς τοῦ παντός.

Ἦχος βαρύς

Κατέλυσας τῷ Σταυρῷ σου τὸν θάνατον,
ἠνέῳξας τῷ Λῃστῇ τὸν Παράδεισον,
τῶν Μυροφόρων τὸν θρῆνον μετέβαλες,
καὶ τοῖς σοῖς Ἀποστόλοις κηρύττειν ἐπέταξας·
ὅτι ἀνέστης, Χριστὲ ὁ Θεός,
παρέχων τῷ κόσμῳ τὸ μέγα ἔλεος.

Κοντάκιον

Οὐκέτι τὸ κράτος τοῦ θανάτου,
ἰσχύσει κατέχειν τοὺς βροτούς·
Χριστὸς γὰρ κατῆλθε συντρίβων,
καὶ λύων τὰς δυνάμεις αὐτοῦ·
δεσμεῖται ὁ Ἅδης,
Προφῆται συμφώνως ἀγάλλονται·
Ἐπέστη λέγοντες, Σωτήρ, τοῖς ἐν πίστει·
ἐξέρχεσθε οἱ πιστοὶ εἰς τὴν Ἀνάστασιν.

Eighth Tone

You the Compassionate came down from above,
you accepted burial for three days,
that you might free us from the passions.
Our life and resurrection, Lord, glory to you!

Kontakion

On rising from the grave
you roused the dead
and raised up Adam.
Eve dances at your Resurrection,
and the ends of the world keep festival
at your Rising from the dead, O Most Merciful.

General Kontakion to the Mother of God

Tone 2.

Protection of Christians that cannot be put to shame,
unfailing mediation with the Maker,
do not despise the voices of us sinners as we pray;
but, in your love, be quick to help us
who cry to you with faith:
Hasten to intercede,
make speed to entreat,
O Mother of God, for you ever protect those who honour you.

2. APOLYTIKIA & KONTAKIA FOR THE DAYS OF THE WEEK

On Monday. Of the Holy Angels

Tone 4. Lifted up on the Cross.

Chief Captains of the heavenly armies,
we the unworthy implore you
to protect us by your supplications

ΥΜΝΟΙ ΑΠΟ ΤΩΝ ΑΚΟΛΟΥΘΙΩΝ

Ἦχος πλ.δ΄

Ἐξ ὕψους κατῆλθες ὁ Εὔσπλαγχνος,
ταφὴν κατεδέξω τριήμερον,
ἵνα ἡμᾶς ἐλευθερώσῃς τῶν παθῶν,
ἡ ζωὴ καὶ ἡ ἀνάστασις ἡμῶν, Κύριε, δόξα σοι.

Κοντάκιον

Ἐξαναστὰς τοῦ μνήματος,
τοὺς τεθνεῶτας ἤγειρας,
καὶ τὸν Ἀδὰμ ἀνέστησας,
καὶ ἡ Εὔα χορεύει ἐν τῇ σῇ Ἀναστάσει,
καὶ κόσμου τὰ πέρατα πανηγυρίζουσι,
τῇ ἐκ νεκρῶν Ἐγέρσει σου, Πολυέλεε.

Κοντάκιον τῆς ὑπεραγίας Θεοτόκου

Ἦχος β΄

Προστασία τῶν χριστιανῶν ἀκαταίσχυντε,
μεσιτεία πρὸς τὸν Ποιητὴν ἀμετάθετε,
μὴ παρίδῃς ἁμαρτωλῶν δεήσεων φωνάς,
ἀλλὰ πρόφθασον, ὡς ἀγαθή, εἰς τὴν βοήθειαν ἡμῶν,
τῶν πιστῶς κραυγαζόντων σοι·
Τάχυνον εἰς πρεσβείαν,
καὶ σπεῦσον εἰς ἱκεσίαν,
ἡ προστατεύουσα ἀεί, Θεοτόκε, τῶν τιμώντων σε.

Β. ΑΠΟΛΥΤΙΚΙΑ ΚΑΙ ΚΟΝΤΑΚΙΑ ΤΗΣ ΕΒΔΟΜΑΔΟΣ

Τῇ Δευτέρᾳ. Τῶν Ἁγίων Δυνάμεων

Ἦχος δ΄. Ὁ ὑψωθεὶς ἐν τῷ Σταυρῷ.

Τῶν οὐρανίων στρατιῶν ἀρχιστράτηγοι,
δυσωποῦμεν ὑμᾶς ἡμεῖς οἱ ἀνάξιοι,
ἵνα ταῖς ὑμῶν δεήσεσι τειχίσητε ἡμᾶς,

with the shelter of the wings of your immaterial glory,
as you guard us who fall down and insistently cry out:
Deliver us from dangers
as Captains of the Powers on high.

Theotokion

To her who was brought up in the temple,
in the Holy of Holies,
to her who was clothed in faith and wisdom
and measureless virginity,
Gabriel the Chief Captain
offered the greeting from heaven and his Hail:
Hail, blessed one!
Hail, glorified one! The Lord is with you.

Kontakion. Tone 2.

Chief Captains of God, ministers of divine glory,
guides of humankind, and princes of the Bodiless hosts,
intercede for what is for our good and for great mercy,
as Chief Captains of the Bodiless hosts.

On Tuesday. Of the Holy Forerunner and Baptist John

Tone 2.

The just is remembered with praises,
but for you the Lord's testimony suffices, O Forerunner;
for you were declared more praiseworthy than the Prophets,
because you were found worthy to baptize in running streams
the One they had proclaimed.
Therefore, having struggled bravely for the truth,
with joy you preached to those in Hell a God who had appeared
   in flesh,
who takes away the sin of the world, and grants us his great
   mercy.

σκέπη τῶν πτερύγων τῆς ἀύλου ὑμῶν δόξης,
φρουροῦντες ἡμᾶς, προσπίπτοντας ἐκτενῶς καὶ βοῶντας·
Ἐκ τῶν κινδύνων λυτρώσασθε ἡμᾶς,
ὡς ταξιάρχαι τῶν ἄνω δυνάμεων.

Θεοτοκίον

Τῇ ἀναστραφείσῃ ἐν τῷ ναῷ,
εἰς τὰ Ἅγια τῶν Ἁγίων,
τῇ περιβεβλημένῃ τὴν πίστιν καὶ τὴν σοφίαν,
καὶ τὴν ἄμετρον παρθενίαν,
ὁ Ἀρχιστράτηγος Γαβριήλ,
προσέφερεν οὐρανόθεν,
τὸν ἀσπασμὸν καὶ τὸ Χαῖρε·
Χαῖρε εὐλογημένη·
χαῖρε δεδοξασμένη· ὁ Κύριος μετὰ σοῦ.

Κοντάκιον. Ἦχος β'

Ἀρχιστράτηγοι Θεοῦ, λειτουργοὶ θείας δόξης,
τῶν ἀνθρώπων ὁδηγοὶ καὶ ἀρχηγοὶ Ἀσωμάτων,
τὸ συμφέρον ἡμῖν αἰτήσασθε καὶ τὸ μέγα ἔλεος,
ὡς τῶν ἀσωμάτων ἀρχιστράτηγοι.

Τῇ Τρίτῃ. Τοῦ τιμίου Προδρόμου καὶ Βαπτιστοῦ Ἰωάννου

Ἦχος β'

Μνήμη δικαίου μετ' ἐγκωμίων,
σοὶ δὲ ἀρκέσει ἡ μαρτυρία τοῦ Κυρίου, Πρόδρομε.
Ἀνεδείχθης γὰρ ὄντως καὶ προφητῶν σεβασμιώτερος·
ὅτι καὶ ἐν ῥείθροις βαπτίσαι κατηξιώθης τὸν κηρυττόμενον.
Ὅθεν τῆς ἀληθείας ὑπεραθλήσας,
χαίρων εὐηγγελίσω καὶ τοῖς ἐν Ἅδῃ Θεὸν φανερωθέντα ἐν
    σαρκί,
τὸν αἴροντα τὴν ἁμαρτίαν τοῦ κόσμου καὶ παρέχοντα ἡμῖν τὸ
    μέγα ἔλεος.

Theotokion. Tone 2.

We have become partakers in the divine nature
through you, Mother of God, Ever-Virgin;
for you gave birth to God incarnate;
and so, as is fitting, Mother of God, we all devoutly magnify
    you.

Kontakion. Tone 2.

Prophet of God and Forerunner of grace,
having found your Head from the earth
like a most sacred rose, we ever receive gifts of healing;
for once again, as of old,
you proclaim repentance in the world.

On Wednesday and Friday. Of the Precious and Life-giving Cross

See September 14th. Page 87.

Theotokion. Tone 1.

Having gained you as protection, O Immaculate,
and being freed from harm at your entreaties,
guarded at every moment by the Cross of your Son,
as is fitting, we all devoutly magnify you.

On Thursday. Of the Holy Apostles

Tone 3.

Holy Apostles,
intercede with the merciful God
to grant our souls forgiveness of sins.

Of St Nicholas of Myra. Tone 4.

The truth of your actions
proclaimed you to your flock as a rule of faith,
an image of meekness and a teacher of self-control;

Θεοτοκίον. Ἦχος β´

Θείας γεγόναμεν κοινωνοὶ φύσεως,
διὰ σοῦ, Θεοτόκε ἀειπάρθενε·
Θεὸν γὰρ ἡμῖν σεσαρκωμένον τέτοκας·
διὸ κατὰ χρέος σε πάντες εὐσεβῶς, Θεοτόκε
μεγαλύνομεν.

Κοντάκιον. Ἦχος β´

Προφῆτα Θεοῦ, καὶ Πρόδρομε τῆς χάριτος,
τὴν Κάραν τὴν σήν, ὡς ῥόδον ἱερώτατον,
ἐκ γῆς εὑράμενοι, τὰς ἰάσεις πάντοτε λαμβάνομεν·
καὶ γὰρ πάλιν, ὡς πρότερον,
ἐν κόσμῳ κηρύττεις τὴν μετάνοιαν.

**Τῇ Τετάρτῃ καὶ τῇ Παρασκευῇ. Τοῦ τιμίου καὶ ζωοποιοῦ
Σταυροῦ**

βλ. ιδ´ Σεπτεμβρίου σελ. 87.

Θεοτοκίον. Ἦχος α´

Οἱ τὴν σὴν προστασίαν κεκτημένοι, Ἄχραντε,
καὶ ταῖς σαῖς ἱκεσίαις τῶν δεινῶν ἐκλυτρούμενοι,
τῷ Σταυρῷ τοῦ Υἱοῦ σου ἐν παντὶ φρουρούμενοι,
κατὰ χρέος σε πάντες εὐσεβῶς μεγαλύνομεν.

Τῇ Πέμπτῃ. Τῶν Ἁγίων Ἀποστόλων

Ἦχος γ´

Ἀπόστολοι ἅγιοι,
πρεσβεύσατε τῷ ἐλεήμονι Θεῷ,
ἵνα πταισμάτων ἄφεσιν παράσχῃ ταῖς ψυχαῖς ἡμῶν.

Τοῦ ἁγίου Νικολάου ἐπισκόπου Μύρων τῆς Λυκίας. Ἦχος δ´

Κανόνα πίστεως καὶ εἰκόνα πραότητος,
ἐγκρατείας διδάσκαλον ἀνέδειξέ σε τῇ ποίμνῃ σου
ἡ τῶν πραγμάτων ἀλήθεια·

and so you gained through humility the things on high,
through poverty riches,
Father and Hierarch Nicholas;
intercede with Christ God that our souls may be saved.

Theotokion. Tone 4.

We acknowledge that the Word of the Father, Christ our God,
became flesh from you, Virgin Mother of God,
alone pure, alone blessed;
and so with hymns we unceasingly magnify you.

Kontakion of the Apostles. Tone 2.

You have taken, Lord, the sure, the God-inspired heralds,
the high peak of your Disciples,
for the enjoyment of your blessings and for repose;
for above every offering you accepted their toils and their death,
you who alone know what is in the heart.

And of Saint Nicholas. Tone 3.

In Myra, Holy One, you were proved a true priest,
for you fulfilled, venerable Father, the gospel of Christ,
you laid down your life for your people,
you saved the innocent from death;
therefore you have been sanctified as a great initiate of God's
   grace.

On Saturday. Of All Saints

Tone 2.

Apostles, Martyrs and Prophets,
Hierarchs, Holy and Righteous Ones,
who fought the good fight and kept the faith,
as you have freedom to speak before the Saviour,
implore him on our behalf, we beg, as he is good,
that our souls may be saved.

διὰ τοῦτο ἐκτήσω τῇ ταπεινώσει τὰ ὑψηλά,
τῇ πτωχείᾳ τὰ πλούσια.
Πάτερ ἱεράρχα Νικόλαε,
πρέσβευε Χριστῷ τῷ Θεῷ σωθῆναι τὰς ψυχὰς ἡμῶν.

Θεοτοκίον. *Ἦχος δ΄*

Τὸν Λόγον τοῦ Πατρός, Χριστὸν τὸν Θεὸν ἡμῶν,
ἐκ σοῦ σαρκωθέντα ἔγνωμεν, Θεοτόκε Παρθένε,
μόνη ἁγνή, μόνη εὐλογημένη·
διὸ ἀπαύστως σὲ ἀνυμνοῦντες μεγαλύνομεν.

Κοντάκιον τῶν Ἀποστόλων. *Ἦχος β΄*

Τοὺς ἀσφαλεῖς καὶ θεοφθόγγους κήρυκας,
τὴν κορυφὴν τῶν ἀποστόλων, Κύριε,
προσελάβου εἰς ἀπόλαυσιν τῶν ἀγαθῶν σου καὶ ἀνάπαυσιν·
τοὺς πόνους γὰρ ἐκείνων καὶ τὸν θάνατον ἐδέξω ὑπὲρ πᾶσαν
ὁλοκάρπωσιν,
ὁ μόνος γινώσκων τὰ ἐγκάρδια.

Καὶ τοῦ ἁγίου Νικολάου. *Ἦχος γ΄*

Ἐν τοῖς Μύροις, ἅγιε, ἱερουργὸς ἀνεδείχθης·
τοῦ Χριστοῦ γάρ, ὅσιε, τὸ εὐαγγέλιον πληρώσας,
ἔθηκας τὴν ψυχήν σου ὑπὲρ λαοῦ σου,
ἔσωσας τοὺς ἀθώους ἐκ τοῦ θανάτου·
διὰ τοῦτο ἡγιάσθης, ὡς μέγας μύστης Θεοῦ τῆς χάριτος.

Τῷ Σαββάτῳ. Τῶν Ἁγίων Πάντων

Ἦχος β΄

Ἀπόστολοι, μάρτυρες, καὶ προφῆται,
ἱεράρχαι, ὅσιοι καὶ δίκαιοι,
οἱ καλῶς ἀγῶνα τελέσαντες καὶ τὴν πίστιν τηρήσαντες,
παρρησίαν ἔχοντες πρὸς τὸν Σωτῆρα,
ὑπὲρ ἡμῶν αὐτὸν ὡς ἀγαθὸν ἱκετεύσατε,
σωθῆναι δεόμεθα τὰς ψυχὰς ἡμῶν.

For the Departed. Tone 2.

Remember your servants, Lord, as you are good,
and pardon whatever sins they committed in life,
for no one is without sin but you,
who are able to give rest to those who have passed over.

Theotokion. Tone 2.

Holy Mother of the ineffable Light,
honouring you with the songs of Angels,
we devoutly magnify you.

Kontakion of the Martyrs. Tone 8.

As first fruits of nature,
O Lord, the Planter of creation, the whole world offers you
the God-bearing Martyrs.
At their intercessions
preserve your Church, through the Mother of God, in profound
   peace,
O most merciful.

Kontakion for the Departed. Tone 8.

With the Saints give rest, O Christ,
to the souls of your servants
where there is neither toil, nor grief, nor sighing,
but life everlasting.

3. GENERAL APOLYTIKIA FOR THE SAINTS

For One Holy Apostle [and Evangelist]

Tone 3. Holy Apostle.

Holy Apostle [and Evangelist] *N*.,
intercede with the merciful God
to grant our souls forgiveness of sins.

ΥΜΝΟΙ ΑΠΟ ΤΩΝ ΑΚΟΛΟΥΘΙΩΝ

Τῶν κεκοιμημένων. *Ἦχος β΄*

Μνήσθητι, Κύριε, ὡς ἀγαθὸς τῶν δούλων σου,
καὶ ὅσα ἐν βίῳ ἥμαρτον συγχώρησον·
οὐδεὶς γὰρ ἀναμάρτητος, εἰ μὴ σύ,
ὁ δυνάμενος καὶ τοῖς μεταστᾶσι δοῦναι τὴν ἀνάπαυσιν.

Θεοτοκίον. *Ἦχος β΄*

Μήτηρ ἁγία, ἡ τοῦ ἀφράστου φωτός,
ἀγγελικοῖς σε ὕμνοις τιμῶντες, εὐσεβῶς μεγαλύνομεν.

Κοντάκιον τῶν Μαρτύρων. *Ἦχος πλ. δ΄*

Ὡς ἀπαρχὰς τῆς φύσεως
τῷ φυτουργῷ τῆς κτίσεως ἡ οἰκουμένη προσφέρει σοι, Κύριε,
τοὺς θεοφόρους μάρτυρας.
Ταῖς αὐτῶν ἱκεσίαις,
ἐν εἰρήνῃ βαθείᾳ τὴν Ἐκκλησίαν σου διὰ τῆς Θεοτόκου
    συντήρησον,
πολυέλεε.

Κοντάκιον τῶν κεκοιμημένων. *Ἦχος πλ. δ΄*

Μετὰ τῶν ἁγίων ἀνάπαυσον, Χριστέ,
τὰς ψυχὰς τῶν δούλων σου,
ἔνθα οὐκ ἔστι πόνος, οὐ λύπη, οὐ στεναγμός,
ἀλλὰ ζωὴ ἀτελεύτητος.

Γ. ΑΠΟΛΥΤΙΚΙΑ ΤΩΝ ΑΓΙΩΝ

Εἰς Ἀπόστολον (καὶ Εὐαγγελιστήν)

Ἦχος γ΄. Ἀπόστολε Ἅγιε.

Ἀπόστολε ἅγιε (καὶ εὐαγγελιστὰ) *δεῖνα*,
πρέσβευε τῷ ἐλεήμονι Θεῷ,
ἵνα πταισμάτων ἄφεσιν παράσχῃ ταῖς ψυχαῖς ἡμῶν.

For Two or More Apostles

Tone 3. Holy Apostle.

Holy Apostles, intercede
with the merciful God
to grant our souls forgiveness of sins.

For A Prophet

Tone 2. As we celebrate.

As we celebrate the memory of your Prophet *N.*, O Lord,
through him we beseech you: Save our souls.

For One Martyr

Tone 4. Your Martyr, O Lord.

Your Martyr, O Lord, by his struggle obtained
the crown of incorruption
from you, our God;
for with your might he destroyed tyrants,
and shattered the feeble insolence of the demons:
at his prayers, O Christ God,
save our souls.

For A Woman Martyr

Tone 4. At your conceiving.

O Jesus, your lamb cries aloud:
O my Bridegroom, I long for you;
and seeking you I struggle,
and I am crucified and buried with you in your baptism;
and I suffer for your sake,
that I may reign with you;
and I die for you,
that I may live in you;
but as a spotless victim now accept

ΥΜΝΟΙ ΑΠΟ ΤΩΝ ΑΚΟΛΟΥΘΙΩΝ

Εἰς Ἀποστόλους

Ἦχος γ΄. Ἀπόστολε Ἅγιε.

Ἀπόστολοι ἅγιοι,
πρεσβεύσατε τῷ ἐλεήμονι Θεῷ,
ἵνα πταισμάτων ἄφεσιν παράσχῃ ταῖς ψυχαῖς ἡμῶν.

Εἰς Προφήτην

Ἦχος β΄. Τοῦ προφήτου σου.

Τοῦ προφήτου σου (δεῖνος) τὴν μνήμην, Κύριε, ἑορτάζοντες,
δι' αὐτοῦ σε δυσωποῦμεν· Σῶσον τὰς ψυχὰς ἡμῶν.

Εἰς Μάρτυρα

Ἦχος δ΄. Ὁ Μάρτυς σου, Κύριε.

Ὁ Μάρτυς, σου Κύριε, ἐν τῇ ἀθλήσει αὐτοῦ,
τὸ στέφος ἐκομίσατο τῆς ἀφθαρσίας,
ἐκ σοῦ τοῦ Θεοῦ ἡμῶν·
ἔχων γὰρ τὴν ἰσχύν σου, τοὺς τυράννους καθεῖλεν,
ἔθραυσε καὶ δαιμόνων τὰ ἀνίσχυρα θράση.
Αὐτοῦ ταῖς ἱκεσίαις, Χριστὲ ὁ Θεός,
σῶσον τὰς ψυχὰς ἡμῶν.

Εἰς Γυναῖκα Μάρτυρα

Ἦχος δ΄. Κατεπλάγη Ἰωσήφ.

Ἡ ἀμνάς σου Ἰησοῦ, κράζει μεγάλῃ τῇ φωνῇ·
Σὲ Νυμφίε μου ποθῶ,
καὶ σὲ ζητοῦσα ἀθλῶ,
καὶ συσταυροῦμαι καὶ συνθάπτομαι τῷ βαπτισμῷ σου·
καὶ πάσχω διὰ σέ,
ὡς βασιλεύσω σὺν σοί,
καὶ θνήσκω ὑπὲρ σοῦ,
ἵνα καὶ ζήσω ἐν σοί·
ἀλλ' ὡς θυσίαν ἄμωμον προσδέχου

one who with longing is slain for you.
Through her prayers, as you are merciful, save our souls!

For Two or More Martyrs

Tone 4. Your Martyr, O Lord.

Your Martyrs, O Lord,
by their struggles obtained
crowns of incorruption
from you, our God;
for with your might
they destroyed tyrants,
and shattered the feeble insolence of the demons:
at their prayers, O Christ God,
save our souls.

Another. For The Same

Tone 1. Be entreated.

Be entreated by the sufferings,
which the Saints endured
for you, O Lord;
and heal all our pains,
we beg, O Lover of humankind.

For A Bishop

Tone 4. The truth of your actions.

The truth of your actions
proclaimed you to your flock as a rule of faith,
an image of meekness and a teacher of self-control;
and so you gained through humility the things on high,
through poverty riches,
Father and Hierarch *N.*;
intercede with Christ God that our souls may be saved.

τὴν μετὰ πόθου τυθεῖσάν σοι.
Αὐτῆς πρεσβείαις, ὡς ἐλεήμων, σῶσον τὰς ψυχὰς ἡμῶν.

Εἰς Μάρτυρας

Ἦχος δ΄. Ὁ Μάρτυς σου, Κύριε.

Οἱ Μάρτυρές σου, Κύριε,
ἐν τῇ ἀθλήσει αὐτῶν,
στεφάνους ἐκομίσαντο τῆς ἀφθαρσίας,
ἐκ σοῦ τοῦ Θεοῦ ἡμῶν·
ἔχοντες γὰρ τὴν ἰσχύν σου,
τοὺς τυράννους καθεῖλον,
ἔθραυσαν καὶ δαιμόνων τὰ ἀνίσχυρα θράση.
Αὐτῶν ταῖς ἱκεσίαις, Χριστὲ ὁ Θεός,
σῶσον τὰς ψυχὰς ἡμῶν.

Εἰς Μάρτυρας

Ἦχος α΄. Τὰς ἀλγηδόνας.

Τὰς ἀλγηδόνας τῶν ἁγίων,
ἃς ὑπὲρ σοῦ ἔπαθον,
δυσωπήθητι, Κύριε,
καὶ πάσας ἡμῶν τὰς ὀδύνας,
ἴασαι, φιλάνθρωπε, δεόμεθα.

Εἰς Ἱεράρχην

Ἦχος δ΄. Κανόνα πίστεως.

Κανόνα πίστεως καὶ εἰκόνα πραότητος,
ἐγκρατείας διδάσκαλον ἀνέδειξέ σε τῇ ποίμνῃ σου
ἡ τῶν πραγμάτων ἀλήθεια·
διὰ τοῦτο ἐκτήσω τῇ ταπεινώσει τὰ ὑψηλά,
τῇ πτωχείᾳ τὰ πλούσια.
Πάτερ ἱεράρχα (δεῖνα),
πρέσβευε Χριστῷ τῷ Θεῷ σωθῆναι τὰς ψυχὰς ἡμῶν.

For Two or More Bishops

Tone 4. God of our Fathers.

God of our Fathers,
who always deal with us in your forbearance,
do not deprive us of your mercy,
but at their intercessions
guide our life in peace.

For A Bishop Martyr

Tone 4. You shared their way of life.

You shared their way of life
and you succeeded
to the Apostles' thrones;
you found the practice, O God-inspired,
to climb the heights of contemplation;
therefore, rightly proclaiming the word of truth,
in faith you struggled to the shedding of your blood,
Bishop and Martyr *N*.;
intercede with Christ God that our souls may be saved.

For A Bishop Teacher

Tone 8. Orthodoxy's Guide.

Orthodoxy's guide,
teacher of piety and reverence,
beacon of the world,
fair ornament of high priests,
O wise *N*., inspired by God,
by your teaching you have enlightened all,
O harp of the Spirit;
intercede with Christ God that our souls may be saved.

ΥΜΝΟΙ ΑΠΟ ΤΩΝ ΑΚΟΛΟΥΘΙΩΝ

Εἰς Ἱεράρχας

Ἦχος δ΄

Ὁ Θεὸς τῶν Πατέρων ἡμῶν,
ὁ ποιῶν ἀεὶ μεθ' ἡμῶν, κατὰ τὴν σὴν ἐπιείκειαν,
μὴ ἀποστήσῃς τὸ ἔλεός σου ἀφ' ἡμῶν·
ἀλλὰ ταῖς αὐτῶν ἱκεσίαις,
ἐν εἰρήνῃ κυβέρνησον τὴν ζωὴν ἡμῶν.

Εἰς Ἱερομάρτυρα

Ἦχος δ΄

Καὶ τρόπων μέτοχος,
καὶ θρόνων διάδοχος,
τῶν Ἀποστόλων γενόμενος,
τὴν πρᾶξιν εὗρες, θεόπνευστε,
εἰς θεωρίας ἐπίβασιν·
διὰ τοῦτο τὸν λόγον τῆς ἀληθείας ὀρθοτομῶν,
καὶ τῇ πίστει ἐνήθλησας μέχρις αἵματος,
Ἱερομάρτυς (*δεῖνα*)·
πρέσβευε Χριστῷ τῷ Θεῷ, σωθῆναι τὰς ψυχὰς ἡμῶν.

Εἰς Ἱεράρχην καὶ Διδάσκαλον

Ἦχος πλ. δ΄

Ὀρθοδοξίας ὁδηγέ,
εὐσεβείας διδάσκαλε καὶ σεμνότητος,
τῆς οἰκουμένης ὁ φωστήρ,
ἀρχιερέων θεόπνευστον ἐγκαλλώπισμα,
(*δεῖνα*) σοφέ,
ταῖς διδαχαῖς σου πάντας ἐφώτισας,
λύρα τοῦ Πνεύματος,
πρέσβευε Χριστῷ τῷ Θεῷ, σωθῆναι τὰς ψυχὰς ἡμῶν.

For One Ascetic

Tone 1. When the stone had been sealed.

Citizen of the desert, an Angel embodied,
and wonder-worker you have been declared,
O God-bearing Father *N.*;
by fasting and by vigil and by prayer
receiving gifts of grace from heaven,
you heal the sick
and the souls of those who have recourse to you in faith.
Glory to him who gave you strength;
glory to him who crowned you;
glory to him who, through you, works healing for all!

Another. For One Ascetic

Tone 4. With the streams of your tears.

With the streams of your tears
you cultivated the barren desert,
and with your deep sighings from the heart
you made your toils bring forth fruit a hundredfold,
and you became a beacon,
shining in all the world by your wonders:
our venerable Father *N.*,
intercede with Christ God that our souls may be saved.

Another. For One Ascetic

Tone 8. In you, Mother.

In you, Father, was preserved
unimpaired that which is according to God's image,
for you took up the Cross,
and followed Christ;
and by your deeds you have taught us to despise the flesh,
for it passes away,
but to care for the soul,

85

Εἰς Ὅσιον

Ἦχος α΄. Τοῦ λίθου σφραγισθέντος.

Τῆς ἐρήμου πολίτης καὶ ἐν σώματι ἄγγελος
καὶ θαυματουργὸς ἀνεδείχθης, Θεοφόρε Πατὴρ ἡμῶν (δεῖνα)·
νηστείᾳ, ἀγρυπνίᾳ, προσευχῇ,
οὐράνια χαρίσματα λαβών,
θεραπεύεις τοὺς νοσοῦντας
καὶ τὰς ψυχὰς τῶν πίστει προστρεχόντων σοι.
Δόξα τῷ δεδωκότι σοι ἰσχύν,
δόξα τῷ σὲ στεφανώσαντι,
δόξα τῷ ἐνεργοῦντι διὰ σοῦ πᾶσιν ἰαματα.

Ἕτερον εἰς Ὅσιον

Ἦχος πλ. δ΄. Ταῖς τῶν δακρύων σου.

Ταῖς τῶν δακρύων σου ῥοαῖς
τῆς ἐρήμου τὸ ἄγονον ἐγεώργησας·
καὶ τοῖς ἐκ βάθους στεναγμοῖς
εἰς ἑκατὸν τοὺς πόνους ἐκαρποφόρησας·
καὶ γέγονας φωστήρ,
τῇ οἰκουμένῃ λάμπων τοῖς θαύμασιν,
(δεῖνα) πατὴρ ἡμῶν ὅσιε·
πρέσβευε Χριστῷ τῷ Θεῷ σωθῆναι τὰς ψυχὰς ἡμῶν.

Ἕτερον εἰς Ὅσιον

Ἦχος πλ. δ΄. Ἐν σοί, Μῆτερ.

Ἐν σοί, Πάτερ, ἀκριβῶς
διεσώθη τὸ κατ᾽ εἰκόνα·
λαβὼν γὰρ τὸν Σταυρόν,
ἠκολούθησας τῷ Χριστῷ
καὶ πράττων ἐδίδασκες ὑπερορᾶν μὲν σαρκός,
παρέρχεται γάρ·
ἐπιμελεῖσθα δὲ ψυχῆς,

which is a thing immortal;
and therefore your spirit, holy *N.*,
rejoices with the Angels.

For A Woman Ascetic

Tone 8. In you, Mother.

In you, Mother, was preserved
unimpaired that which is according to God's image,
for you took up the Cross,
and followed Christ;
and by your deeds you have taught us to despise the flesh,
for it passes away,
but to care for the soul,
which is a thing immortal;
and therefore your spirit, holy *N.*,
rejoices with the Angels.

For Two or More Ascetics

Tone 4. God of our Fathers.

God of our Fathers,
who always deal with us in your forbearance,
do not deprive us of your mercy,
but at their intercessions
guide our life in peace.

For A Monk Teacher

Tone 8. Orthodoxy's guide.

Orthodoxy's guide,
teacher of piety and reverence,
beacon of the world,
fair ornament of monks,
O wise *N.*, inspired by God,
by your teaching you have enlightened all,

πράγματος ἀθανάτου·
διὸ καὶ μετὰ Ἀγγέλων συναγάλλεται,
ὅσιε (δεῖνα), τὸ πνεῦμά σου.

Εἰς Ὁσίαν

Ἦχος πλ. δ΄. Ἐν σοί, Μῆτερ.

Ἐν σοί, Μῆτερ, ἀκριβῶς
διεσώθη τὸ κατ᾽ εἰκόνα·
λαβοῦσα γὰρ τὸν Σταυρόν,
ἠκολούθησας τῷ Χριστῷ
καὶ πράττουσα ἐδίδασκες ὑπερορᾶν μὲν σαρκός,
παρέρχεται γάρ·
ἐπιμελεῖσθα δὲ ψυχῆς,
πράγματος ἀθανάτου·
διὸ καὶ μετὰ Ἀγγέλων συναγάλλεται,
ὁσία (δεῖνα), τὸ πνεῦμά σου.

Εἰς Ὁσίους

Ἦχος δ΄

Ὁ Θεὸς τῶν Πατέρων ἡμῶν,
ὁ ποιῶν ἀεὶ μεθ᾽ ἡμῶν, κατὰ τὴν σὴν ἐπιείκειαν,
μὴ ἀποστήσῃς τὸ ἔλεός σου ἀφ᾽ ἡμῶν·
ἀλλὰ ταῖς αὐτῶν ἱκεσίαις,
ἐν εἰρήνῃ κυβέρνησον τὴν ζωὴν ἡμῶν.

Εἰς Ὅσιον καὶ Διδάσκαλον

Ἦχος πλ. δ΄

Ὀρθοδοξίας ὁδηγέ,
εὐσεβείας διδάσκαλε καὶ σεμνότητος,
τῆς οἰκουμένης ὁ φωστήρ,
τῶν μοναζόντων θεόπνευστον ἐγκαλλώπισμα,
(δεῖνα) σοφέ,
ταῖς διδαχαῖς σου πάντας ἐφώτισας,

O harp of the Spirit;
intercede with Christ God that our souls may be saved.

4. APOLYTIKIA AND KONTAKIA FOR THE GREAT FEASTS

September 8th. The Nativity of the Mother of God

Tone 4.

Your nativity, O Mother of God,
has made joy known to the whole inhabited world,
for from you there dawned the Sun of righteousness,
Christ our God.
He abolished the curse
and gave the blessing;
and by making death of no effect
he bestowed on us eternal life.

Kontakion. Tone 4. Model melody. [By St Romanos]

Joachim and Anna were set free from the reproach of
    childlessness,
and Adam and Eve from the corruption of death,
by your holy nativity, O Most Pure.
Delivered from the guilt of offences,
your people also celebrate the feast as they cry to you:
The barren woman bears the Mother of God,
the sustainer of our life.

September 14th. The Universal Exaltation of the Precious Cross

Tone 1.

Lord, save your people
and bless your inheritance,
granting to faithful Christians victories over their enemies,
and protecting your commonwealth by your Cross.

λύρα τοῦ Πνεύματος,
πρέσβευε Χριστῷ τῷ Θεῷ, σωθῆναι τὰς ψυχὰς ἡμῶν.

Δ. ΑΠΟΛΥΤΙΚΙΑ ΚΑΙ ΚΟΝΤΑΚΙΑ ΤΩΝ ΔΕΣΠΟΤΙΚΩΝ ΚΑΙ ΘΕΟΜΗΤΟΡΙΚΩΝ ΕΟΡΤΩΝ

Τῇ η΄ Σεπτεμβρίου. Γενέθλιον τῆς Θεοτόκου

Ἦχος δ΄

Ἡ γέννησίς σου, Θεοτόκε,
χαρὰν ἐμήνυσε πάσῃ τῇ οἰκουμένῃ·
ἐκ σοῦ γὰρ ἀνέτειλεν ὁ Ἥλιος τῆς δικαιοσύνης,
Χριστὸς ὁ Θεὸς ἡμῶν·
καὶ λύσας τὴν κατάραν,
ἔδωκε τὴν εὐλογίαν·
καὶ καταργήσας τὸν θάνατον,
ἐδωρήσατο ἡμῖν ζωὴν τὴν αἰώνιον.

Κοντάκιον. Ἦχος δ΄. Αὐτόμελον. [τοῦ Ἁγίου Ῥωμανοῦ]

Ἰωακεὶμ καὶ Ἄννα ὀνειδισμοῦ ἀτεκνίας,
καὶ Ἀδὰμ καὶ Εὔα ἐκ τῆς φθορᾶς τοῦ θανάτου ἠλευθερώθησαν,
   Ἄχραντε,
ἐν τῇ ἁγίᾳ γεννήσει σου·
αὐτὴν ἑορτάζει καὶ ὁ λαός σου,
ἐνοχῆς τῶν πταισμάτων λυτρωθεὶς ἐν τῷ κράζειν σοι·
Ἡ στεῖρα τίκτει τὴν Θεοτόκον,
καὶ τροφὸν τῆς ζωῆς ἡμῶν.

Τῇ ιδ΄ Σεπτεμβρίου. Ἡ παγκόσμιος ὕψωσις τοῦ τιμίου Σταυροῦ

Ἦχος α΄

Σῶσον, Κύριε, τὸν λαόν σου,
καὶ εὐλόγησον τὴν κληρονομίαν σου,
νίκας τοῖς βασιλεῦσι κατὰ βαρβάρων δωρούμενος,
καὶ τὸ σὸν φυλάττων διὰ τοῦ Σταυροῦ σου πολίτευμα.

Kontakion. Tone 4. Model Melody.

Lifted up on the Cross of your own will,
to the new commonwealth that bears your name
grant your mercies, Christ God;
make your faithful people
glad by your power,
granting them victories over their enemies;
may they have your help in battle:
a weapon of peace, an invincible trophy.

November 21st. The Entry of the Mother of God.

Tone 4.

Today is the prelude of the good pleasure of God,
and the proclaiming of the salvation of mankind.
In the Temple of God the Virgin is revealed,
and beforehand she announces Christ to all.
To her then let us cry aloud with mighty voice:
Hail, the fulfilment of the Creator's dispensation!

Kontakion. Tone 4. Lifted up on the Cross.

The most pure Temple of the Saviour,
the precious Bridal Chamber and Virgin,
the sacred Treasury of the glory of God,
is being brought to-day into the house of the Lord;
and with her she brings the grace of the divine Spirit;
of her God's Angels sing in praise:
She is indeed the heavenly Tabernacle.

Κοντάκιον. Ἦχος δ΄. Αὐτόμελον.

Ὁ ὑψωθεὶς ἐν τῷ Σταυρῷ ἑκουσίως,
τῇ ἐπωνύμῳ σου καινῇ πολιτείᾳ τοὺς οἰκτιρμούς σου δώρησαι,
    Χριστὲ ὁ Θεός·
Εὔφρανον, ἐν τῇ δυνάμει σου,
τοὺς πιστοὺς βασιλεῖς ἡμῶν,
νίκας χορηγῶν αὐτοῖς κατὰ τῶν πολεμίων·
τὴν συμμαχίαν ἔχοιεν τὴν σήν,
ὅπλον εἰρήνης, ἀήττητον τρόπαιον.

**Τῇ κα΄ Νοεμβρίου. Ἡ ἐν τῷ Ναῷ εἴσοδος τῆς ὑπεραγίας
Θεοτόκου.**

Ἦχος δ΄

Σήμερον τῆς εὐδοκίας Θεοῦ τὸ προοίμιον,
καὶ τῆς τῶν ἀνθρώπων σωτηρίας ἡ προκήρυξις·
ἐν Ναῷ τοῦ Θεοῦ τρανῶς ἡ Παρθένος δείκνυται,
καὶ τὸν Χριστὸν τοῖς πᾶσι προκαταγγέλλεται.
Αὐτῇ καὶ ἡμεῖς μεγαλοφώνως βοήσωμεν·
Χαῖρε, τῆς οἰκονομίας τοῦ Κτίστου ἡ ἐκπλήρωσις.

Κοντάκιον. Ἦχος δ΄. Ὁ ὑψωθεὶς ἐν τῷ Σταυρῷ.

Ὁ καθαρώτατος ναὸς τοῦ Σωτῆρος,
ἡ πολυτίμητος παστὰς καὶ παρθένος,
τὸ ἱερὸν θησαύρισμα τῆς δόξης τοῦ Θεοῦ,
σήμερον εἰσάγεται ἐν τῷ οἴκῳ Κυρίου,
τὴν χάριν συνεισάγουσα τὴν ἐν Πνεύματι θείῳ·
ἣν ἀνυμνοῦσιν ἄγγελοι Θεοῦ·
Αὕτη ὑπάρχει σκηνὴ ἐπουράνιος.

December 25th. The Nativity according to the flesh of our Lord and God and Saviour, Jesus Christ

Tone 4.

Your Nativity, O Christ, our God,
made the light of knowledge dawn on the world;
for through it those who adored the stars
were taught by a star
to worship you, the Sun of righteousness,
and to know you, the Dawn from above.
Lord, glory to you.

Kontakion. Tone 3. Model Melody. [By St Romanos]

Today the Virgin
gives birth to him who is above all being,
and the earth offers the cave to him whom no one can approach;
Angels with Shepherds give glory,
while Magi journey with a star,
for to us there has been born
a little Child, God before the ages.

January 6th. The holy Theophany of our Lord, Jesus Christ

Tone 1.

As you were baptized in the Jordan, Lord,
the worship of the Trinity was made manifest:
for the voice of the Father bore witness to you,
naming you the Beloved Son;
and the Spirit, in the form of a dove,
confirmed the sureness of the word.
Christ God, who appeared
and enlightened the world, glory to you.

Τῇ κε΄ Δεκεμβρίου. Ἡ κατὰ σάρκα Γέννησις τοῦ Κυρίου καὶ Θεοῦ καὶ Σωτῆρος ἡμῶν Ἰησοῦ Χριστοῦ

Ἦχος δ΄

Ἡ Γέννησίς σου, Χριστὲ ὁ Θεὸς ἡμῶν,
ἀνέτειλε τῷ κόσμῳ τὸ φῶς τὸ τῆς γνώσεως·
ἐν αὐτῇ γὰρ οἱ τοῖς ἄστροις λατρεύοντες
ὑπὸ ἀστέρος ἐδιδάσκοντο,
σὲ προσκυνεῖν τὸν Ἥλιον τῆς δικαιοσύνης,
καὶ σὲ γινώσκειν ἐξ ὕψους Ἀνατολήν.
Κύριε, δόξα σοι.

Κοντάκιον. Ἦχος γ΄. Αὐτόμελον. [τοῦ Ἁγίου Ῥωμανοῦ]

Ἡ Παρθένος σήμερον
τὸν ὑπερούσιον τίκτει,
καὶ ἡ γῆ τὸ σπήλαιον τῷ ἀπροσίτῳ προσάγει.
Ἄγγελοι μετὰ ποιμένων δοξολογοῦσι·
Μάγοι δὲ μετὰ ἀστέρος ὁδοιποροῦσι·
δι᾽ ἡμᾶς γὰρ ἐγεννήθη
παιδίον νέον, ὁ πρὸ αἰώνων Θεός.

Τῇ ς΄ Ἰανουαρίου. Τὰ ἅγια Θεοφάνεια τοῦ Κυρίου ἡμῶν Ἰησοῦ Χριστοῦ

Ἦχος α΄

Ἐν Ἰορδάνῃ βαπτιζομένου σου, Κύριε,
ἡ τῆς Τριάδος ἐφανερώθη προσκύνησις·
τοῦ γὰρ Γεννήτορος ἡ φωνὴ προσεμαρτύρει σοι,
Ἀγαπητόν σε Υἱὸν ὀνομάζουσα·
καὶ τὸ Πνεῦμα, ἐν εἴδει περιστερᾶς,
ἐβεβαίου τοῦ λόγου τὸ ἀσφαλές.
Ὁ ἐπιφανείς, Χριστὲ ὁ Θεός,
καὶ τὸν κόσμον φωτίσας, δόξα σοι.

Kontakion. Tone 4. Model Melody. [*By St Romanos*]

Today you have appeared to the inhabited world,
and your light, O Lord, has been signed upon us,
who with knowledge sing your praise:
You have come, you have appeared,
the unapproachable Light.

February 2nd. The Meeting of the Lord

Tone 1.

Hail, full of grace, Virgin Mother of God,
for from you there dawned the Sun of righteousness,
Christ our God, who enlightens those in darkness.
Be glad too, righteous Elder,
for you received in your embrace the Liberator of our souls,
who grants us also resurrection.

Kontakion. Tone 1. [*By St Romanos*]

You sanctified a virgin womb by your birth,
and fittingly blessed Symeon's hands;
you have come now too
and saved us, O Christ God.
But give peace to your commonwealth in times of war,
and strengthen its Rulers, whose friend you are,
for you alone love humankind.

March 25th. The Annunciation of the Mother of God

Tone 4.

Today is the crowning moment of our salvation,
and the unfolding of the eternal mystery:
the Son of God becomes the Son of the Virgin,
and Gabriel brings the good tidings of grace.

ΥΜΝΟΙ ΑΠΟ ΤΩΝ ΑΚΟΛΟΥΘΙΩΝ

Κοντάκιον. ᾿Ηχος δ΄. Αὐτόμελον. [τοῦ Ἀγίου ῾Ρωμανοῦ]

᾿Επεφάνης σήμερον τῇ οἰκουμένῃ,
καὶ τὸ φῶς σου, Κύριε, ἐσημειώθη ἐφ᾽ ἡμᾶς,
ἐν ἐπιγνώσει ὑμνοῦντάς σε·
῏Ηλθες, ἐφάνης,
τὸ φῶς τὸ ἀπρόσιτον.

Τῇ β΄ Φεβρουαρίου. ῾Η ῾Υπαπαντὴ τοῦ Κυρίου ἡμῶν Ἰησοῦ Χριστοῦ

᾿Ηχος α΄

Χαῖρε κεχαριτωμένη, Θεοτόκε Παρθένε,
ἐκ σοῦ γὰρ ἀνέτειλεν ὁ ῝Ηλιος τῆς δικαιοσύνης,
Χριστὸς ὁ Θεὸς ἡμῶν, φωτίζων τοὺς ἐν σκότει.
Εὐφραίνου καὶ σύ, Πρεσβῦτα δίκαιε,
δεξάμενος ἐν ἀγκάλαις τὸν ἐλευθερωτὴν τῶν ψυχῶν ἡμῶν,
χαριζόμενον ἡμῖν καὶ τὴν ἀνάστασιν.

Κοντάκιον. ᾿Ηχος α΄. [τοῦ Ἀγίου ῾Ρωμανοῦ]

῾Ο μήτραν παρθενικὴν ἁγιάσας τῷ τόκῳ σου,
καὶ χεῖρας τοῦ Συμεὼν εὐλογήσας, ὡς ἔπρεπε,
προφθάσας καὶ νῦν,
ἔσωσας ἡμᾶς, Χριστὲ ὁ Θεός.
Ἀλλ᾽ εἰρήνευσον ἐν πολέμοις τὸ πολίτευμα,
καὶ κραταίωσον βασιλεῖς, οὓς ἠγάπησας,
ὁ μόνος φιλάνθρωπος.

Τῇ κε΄ Μαρτίου. ῾Ο Εὐαγγελισμὸς τῆς ὑπεραγίας Θεοτόκου

᾿Ηχος δ΄

Σήμερον τῆς σωτηρίας ἡμῶν τὸ κεφάλαιον,
καὶ τοῦ ἀπ᾽ αἰῶνος μυστηρίου ἡ φανέρωσις·
ὁ Υἱὸς τοῦ Θεοῦ, Υἱὸς τῆς Παρθένου γίνεται,
καὶ Γαβριὴλ τὴν χάριν εὐαγγελίζεται.

Therefore with him let us also cry aloud to the Mother of God:
Hail, full of grace! The Lord is with you.

Kontakion. Tone 8. Model Melody.

To you, my Champion and Commander, I your City,
saved from disasters, dedicate, O Mother of God,
hymns of victory and thanksgiving;
but as you have unassailable might,
from every kind of danger now deliver me,
that I may cry to you:
Hail, Bride without bridegroom!

August 6th. The Transfiguration of our Saviour, Jesus Christ

Tone 7.

You were transfigured on the mountain, O Christ God,
showing your Disciples your glory,
as far as they could bear it.
At the prayers of the Mother of God
make your everlasting light
shine also on us sinners.
Giver of light, glory to you.

Kontakion. Tone 7.

You were transfigured on the mountain,
and your Disciples beheld your glory,
O Christ God, as far as they were able;
that when they saw you crucified
they might know that your suffering was voluntary,
and might proclaim to the world
that you are truly
the brightness of the Father.

ΥΜΝΟΙ ΑΠΟ ΤΩΝ ΑΚΟΛΟΥΘΙΩΝ

Διὸ καὶ ἡμεῖς σὺν αὐτῷ τῇ Θεοτόκῳ βοήσωμεν·
Χαῖρε, κεχαριτωμένη, ὁ Κύριος μετὰ σοῦ.

Κοντάκιον. Ἦχος πλ. δ΄. Αὐτόμελον.

Τῇ Ὑπερμάχῳ Στρατηγῷ τὰ νικητήρια,
ὡς λυτρωθεῖσα τῶν δεινῶν, εὐχαριστήρια
ἀναγράφω σοι ἡ Πόλις σου, Θεοτόκε.
Ἀλλ᾽ ὡς ἔχουσα τὸ κράτος ἀπροσμάχητον,
ἐκ παντοίων με κινδύνων ἐλευθέρωσον,
ἵνα κράζω σοι·
Χαῖρε, Νύμφη ἀνύμφευτε.

Τῇ ς΄ Αὐγούστου. Ἡ Μεταμόρφωσις τοῦ Σωτῆρος ἡμῶν Ἰησοῦ Χριστοῦ

Ἦχος βαρύς

Μετεμορφώθης ἐν τῷ ὄρει, Χριστὲ ὁ Θεός,
δείξας τοῖς Μαθηταῖς σου τὴν δόξαν σου,
καθὼς ἠδύναντο.
Λάμψον καὶ ἡμῖν τοῖς ἁμαρτωλοῖς,
τὸ φῶς σου τὸ ἀΐδιον,
πρεσβείαις τῆς Θεοτόκου.
Φωτοδότα, δόξα σοι.

Κοντάκιον. Ἦχος βαρύς

Ἐπὶ τοῦ ὄρους μετεμορφώθης
καὶ ὡς ἐχώρουν οἱ Μαθηταί σου τὴν δόξαν σου,
Χριστὲ ὁ Θεός, ἐθεάσαντο·
ἵνα, ὅταν σὲ ἴδωσι σταυρούμενον,
τὸ μὲν πάθος νοήσωσιν ἑκούσιον,
τῷ δὲ κόσμῳ κηρύξωσιν,
ὅτι σὺ ὑπάρχεις ἀληθῶς
τοῦ Πατρὸς τὸ ἀπαύγασμα.

August 15th. The Dormition of the Mother of God

Tone 1.

In giving birth you retained your virginity;
in falling asleep you did not abandon the world, O Mother
   of God;
you passed over into life,
for you are the Mother of Life;
and by your prayers
you deliver our souls from death.

Kontakion. Tone 2. Model Melody.

Nor tomb nor death overpowered
the Mother of God, unsleeping in her prayers,
unfailing hope in intercession;
for as Mother of Life she has been taken over into life
by him who dwelt in her ever-virgin womb.

5. APOLYTIKIA AND KONTAKIA FROM THE TRIODION

On the Sunday of the Publican and the Pharisee

Kontakion. Tone 4. You have appeared today.

Let us flee the proud speech of the Pharisee,
and learn the humility of the Publican,
as with groans we cry to the Saviour:
Be merciful to us,
for you alone are ready to forgive!

On the Sunday of the Prodigal Son

Kontakion. Tone 3. Today the Virgin.

I have foolishly run away,
O Father, from your glory;
I have squandered in evil deeds

Τῇ ιε´ Αὐγούστου. Ἡ Κοίμησις τῆς ὑπεραγίας Θεοτόκου

Ἦχος α´

Ἐν τῇ γεννήσει τὴν παρθενίαν ἐφύλαξας·
ἐν τῇ κοιμήσει τὸν κόσμον οὐ κατέλιπες, Θεοτόκε·
μετέστης πρὸς τὴν ζωήν,
Μήτηρ ὑπάρχουσα τῆς ζωῆς,
καὶ ταῖς πρεσβείαις ταῖς σαῖς λυτρουμένη
ἐκ θανάτου τὰς ψυχὰς ἡμῶν.

Κοντάκιον. Ἦχος β´. Αὐτόμελον.

Τὴν ἐν πρεσβείαις ἀκοίμητον Θεοτόκον,
καὶ προστασίαις ἀμετάθετον ἐλπίδα,
τάφος καὶ νέκρωσις οὐκ ἐκράτησεν·
ὡς γὰρ ζωῆς μητέρα, πρὸς τὴν ζωὴν μετέστησεν,
ὁ μήτραν οἰκήσας ἀειπάρθενον.

Ε. ΑΠΟΛΥΤΙΚΙΑ ΚΑΙ ΚΟΝΤΑΚΙΑ ΤΟΥ ΤΡΙΩΔΙΟΥ

Τῇ Κυριακῇ τοῦ Τελώνου καὶ τοῦ Φαρισαίου

Κοντάκιον. Ἦχος δ´. Ἐπεφάνης σήμερον.

Φαρισαίου φύγωμεν ὑψηγορίαν,
καὶ Τελώνου μάθωμεν
τὸ ταπεινὸν ἐν στεναγμοῖς,
πρὸς τὸν Σωτῆρα κραυγάζοντες·
Ἵλαθι μόνε ἡμῖν εὐδιάλλακτε.

Τῇ Κυριακῇ τοῦ Ἀσώτου

Κοντάκιον. Ἦχος γ´. Ἡ Παρθένος σήμερον.

Τῆς πατρῴας δόξης σου
ἀποσκιρτήσας ἀφρόνως,
ἐν κακοῖς ἐσκόρπισα,

the riches you entrusted to me;
therefore I offer you the words of the Prodigal:
I have sinned before you, compassionate Father,
take me now repentant
and make me as one of your hired servants.

On Meat Sunday

Kontakion. Tone 1. [By St Romanos]

When you come upon the earth,
O God, in glory,
and the whole universe trembles,
while the river of fire
flows before the seat of judgement,
and books are opened
and all secrets are disclosed,
then deliver me
from the unquenchable fire,
and count me worthy
to stand at your right hand,
O Judge most just.

On Cheese Sunday

Kontakion. Tone 6. Model Melody.

O Master, Guide to wisdom,
Giver of prudent counsel,
Instructor of the foolish
and Champion of the poor,
make firm my heart,
and give it understanding.
Word of the Father,
give me a word.
For see, I shall not stop my lips

ὅν μοι παρέδωκας πλοῦτον·
ὅθεν σοι τὴν τοῦ Ἀσώτου φωνὴν προσφέρω·
Ἥμαρτον ἐνώπιόν σου, πάτερ οἰκτίρμον·
δέξαι με μετανοοῦντα,
καὶ ποίησόν με
ὡς ἕνα τῶν μισθίων σου.

Τῇ Κυριακῇ τῆς Ἀπόκρεω

Κοντάκιον. Ἦχος α΄. [τοῦ Ἁγίου Ῥωμανοῦ]

Ὅταν ἔλθῃς, ὁ Θεός,
ἐπὶ γῆς μετὰ δόξης,
καὶ τρέμωσι τὰ σύμπαντα,
ποταμὸς δὲ τοῦ πυρὸς
πρὸ τοῦ βήματος ἕλκῃ,
καὶ βίβλοι ἀνοίγωνται,
καὶ τὰ κρυπτὰ δημοσιεύωνται·
τότε ῥῦσαί με
ἐκ τοῦ πυρὸς τοῦ ἀσβέστου,
καὶ ἀξίωσον
ἐκ δεξιῶν σού με στῆναι,
Κριτὰ δικαιότατε.

Τῇ Κυριακῇ τῆς Τυροφάγου

Κοντάκιον. Ἦχος πλ. β΄. Αὐτόμελον.

Τῆς σοφίας ὁδηγέ,
φρονήσεως χορηγέ,
τῶν ἀφρόνων παιδευτά,
καὶ τῶν πτωχῶν ὑπερασπιστά,
στήριξον, συνέτισον
τὴν καρδίαν μου, Δέσποτα.
Σὺ δίδου μοι λόγον,
ὁ τοῦ πατρὸς Λόγος·
ἰδοὺ γὰρ τὰ χείλη μου,

from crying out to you:
In your mercy
have mercy on me who am fallen!

On the 1st Sunday of Lent, the Sunday of Orthodoxy

Tone 2.

We venerate your most pure Icon, loving Lord,
as we ask pardon of our offences, Christ God.
For by your own choice you were well-pleased to ascend the
 Cross in the flesh,
to deliver from the slavery of the enemy those whom you had
 fashioned;
therefore with thanksgiving we cry to you:
You have filled all things with joy, our Saviour,
by coming to save the world.

On the 2nd Sunday of Lent, of St Gregory Palamas

Tone 8.

Orthodoxy's beacon,
support and teacher of the Church,
fair glory of monks,
invincible champion of theologians,
Wonderworker Gregory,
the boast of Thessalonika
and preacher of grace,
intercede without ceasing that our souls may be saved.

οὐ μὴ κωλύσω ἐν τῷ κράζειν σοι·
Ἐλεῆμον,
ἐλέησόν με τὸν παραπεσόντα.

Τῇ Κυριακῇ Α´ τῶν Νηστειῶν, τῆς Ὀρθοδοξίας

Ἦχος β´.

Τὴν ἄχραντον Εἰκόνα σου προσκυνοῦμεν, Ἀγαθέ,
αἰτούμενοι συγχώρησιν τῶν πταισμάτων ἡμῶν, Χριστὲ ὁ
Θεός.
Βουλήσει γὰρ ηὐδόκησας σαρκὶ ἀνελθεῖν ἐν τῷ Σταυρῷ,
ἵνα ῥύσῃ οὓς ἔπλασας ἐκ τῆς δουλείας τοῦ ἐχθροῦ·
ὅθεν εὐχαρίστως βοῶμέν σοι·
Χαρᾶς ἐπλήρωσας τὰ πάντα, ὁ Σωτὴρ ἡμῶν,
παραγενόμενος εἰς τὸ σῶσαι τὸν κόσμον.

Τῇ Κυριακῇ Β´ τῶν Νηστειῶν, τοῦ ἁγίου Γρηγορίου τοῦ Παλαμᾶ

Ἦχος πλ. δ´

Ὀρθοδοξίας ὁ φωστήρ,
Ἐκκλησίας τὸ στήριγμα καὶ διδάσκαλε,
τῶν μοναστῶν ἡ καλλονή,
τῶν θεολόγων ὑπέρμαχος ἀπροσμάχητος,
Γρηγόριε, θαυματουργέ,
Θεσσαλονίκης τὸ καύχημα,
κῆρυξ τῆς χάριτος,
ἱκέτευε διαπαντὸς σωθῆναι τὰς ψυχὰς ἡμῶν.

On the 3rd Sunday of Lent, of the Veneration of the Cross

See September 14th, page 87.

On the 4th Sunday of Lent, of St John of the Ladder

Tone 8.

With the streams of your tears
you cultivated the barren desert,
and with deep sighings from the heart
you made your toils bring forth fruit a hundredfold,
and you became a beacon,
shining in all the world by your wonders,
our venerable Father John;
intercede with Christ God that our souls may be saved.

On the 5th Sunday of Lent, of St Mary of Egypt

Tone 8.

In you, Mother, was preserved unimpaired
that which is according to God's image;
for you took up the Cross
and followed Christ,
and by your deeds you have taught us to despise the flesh,
for it passes away,
but to care for the soul,
which is a thing immortal.
And therefore your spirit, holy Mary,
rejoices with the Angels.

Τῇ Κυριακῇ Γ´ τῶν Νηστειῶν, τῆς Σταυροπροσκυνήσεως

Βλ. σελ. 87, τῇ ιδ´ Σεπτεμβρίου.

Τῇ Κυριακῇ Δ´ τῶν Νηστειῶν, τοῦ ὁσίου Ἰωάννου τῆς Κλίμακος

Ἦχος πλ. δ´

Ταῖς τῶν δακρύων σου ῥοαῖς
τῆς ἐρήμου τὸ ἄγονον ἐγεώργησας·
καὶ τοῖς ἐκ βάθους στεναγμοῖς εἰς ἑκατὸν τοὺς πόνους
ἐκαρποφόρησας·
καὶ γέγονας φωστήρ,
τῇ οἰκουμένῃ λάμπων τοῖς θαύμασιν,
Ἰωάννη πατὴρ ἡμῶν ὅσιε·
πρέσβευε Χριστῷ τῷ Θεῷ σωθῆναι τὰς ψυχὰς ἡμῶν.

Τῇ Κυριακῇ Ε´ τῶν Νηστειῶν, τῆς ὁσίας Μαρίας τῆς Αἰγυπτίας

Ἦχος πλ. δ´

Ἐν σοί, Μῆτερ, ἀκριβῶς
διεσώθη τὸ κατ᾽ εἰκόνα·
λαβοῦσα γὰρ τὸν Σταυρόν,
ἠκολούθησας τῷ Χριστῷ
καὶ πράττουσα ἐδίδασκες ὑπερορᾶν μὲν σαρκός,
παρέρχεται γάρ·
ἐπιμελεῖσθαι δὲ ψυχῆς,
πράγματος ἀθανάτου·
διὸ καὶ μετὰ Ἀγγέλων συναγάλλεται,
ὁσία Μαρία, τὸ πνεῦμά σου.

On Lazarus Saturday & Palm Sunday

Tone 1.

Assuring us before your Passion of the general
   resurrection,
you raised Lazarus from the dead, O Christ God.
Therefore, like the Children,
we also carry tokens of victory,
and we cry to you, the Conqueror of death:
Hosanna in the highest!
Blessed is he who comes in the name of the Lord.

Kontakion. Tone 2. Seeking things above.

Christ, the joy of all,
the truth, the light,
the life, the resurrection of the world,
in his goodness has appeared to those on earth,
and has himself become the pattern of the resurrection,
granting to all divine forgiveness.

On Palm Sunday

Tone 4.

Buried with you through Baptism,
Christ our God,
we have been granted immortal life by your Resurrection,
and we sing your praises, crying:
Hosanna in the highest!
Blessed is he who comes in the name of the Lord.

Kontakion. Tone 6. [By St Romanos]

Mounted on the throne in heaven,
Christ God,
and on the colt on earth,
you accepted the praise of the Angels

Τῷ Σαββάτῳ τοῦ ἁγίου καὶ δικαίου Λαζάρου καὶ τῇ Κυριακῇ τῶν Βαΐων

Ἦχος α΄

Τὴν κοινὴν ἀνάστασιν πρὸ τοῦ σοῦ πάθους πιστούμενος,
ἐκ νεκρῶν ἤγειρας τὸν Λάζαρον, Χριστὲ ὁ Θεός·
ὅθεν καὶ ἡμεῖς, ὡς οἱ παῖδες,
τὰ τῆς νίκης σύμβολα φέροντες,
σοὶ τῷ νικητῇ τοῦ θανάτου βοῶμεν·
Ὡσαννὰ ἐν τοῖς ὑψίστοις,
εὐλογημένος ὁ ἐρχόμενος ἐν ὀνόματι Κυρίου.

Κοντάκιον. Ἦχος β΄. Τὰ ἄνω ζητῶν.

Ἡ πάντων χαρά,
Χριστὸς ἡ ἀλήθεια,
τὸ φῶς, ἡ ζωή, τοῦ κόσμου ἡ ἀνάστασις,
τοῖς ἐν γῇ πεφανέρωται τῇ αὐτοῦ ἀγαθότητι·
καὶ γέγονε τύπος τῆς ἀναστάσεως,
τοῖς πᾶσι παρέχων θείαν ἄφεσιν.

Τῇ Κυριακῇ τῶν Βαΐων

Ἦχος δ΄

Συνταφέντες σοι διὰ τοῦ βαπτίσματος,
Χριστὲ ὁ Θεὸς ἡμῶν,
τῆς ἀθανάτου ζωῆς ἠξιώθημεν τῇ Ἀναστάσει σου,
καὶ ἀνυμνοῦντες κράζομεν·
Ὡσαννὰ ἐν τοῖς ὑψίστοις,
εὐλογημένος ὁ ἐρχόμενος ἐν ὀνόματι Κυρίου.

Κοντάκιον. Ἦχος πλ. β΄. Αὐτόμελον. [τοῦ Ἁγίου Ῥωμανοῦ]

Τῷ θρόνῳ ἐν οὐρανῷ,
τῷ πώλῳ ἐπὶ τῆς γῆς ἐποχούμενος,
Χριστὲ ὁ Θεός,
τῶν Ἀγγέλων τὴν αἴνεσιν,

and the hymn of the Children,
who cried to you:
Blessed are you, who come to call back Adam.

6. APOLYTIKIA AND KONTAKIA FROM THE PENTECOSTARION

On The Holy and Great Sunday of Pascha

Tone 5.

Christ has risen from the dead,
by death he has trampled on death
and to those in the graves
given life.

Kontakion. Tone 8. Model melody. [By St Romanos]

Though you descended into a tomb, O Immortal,
yet you destroyed the power of Hell;
and you arose as victor, O Christ God,
calling to the Myrrh-bearing women:
Rejoice!
and giving peace to your Apostles,
O you who grant resurrection to the fallen.

On the Sunday of the Holy Apostle Thomas

Tone 7.

While the grave was sealed, Christ God,
you dawned as life from the tomb;
and while the doors were shut,
you came, the resurrection of all, to your Disciples,
through them renewing a right Spirit in us,
according to your great mercy.

καὶ τῶν παίδων ἀνύμνησιν,
προσεδέξω βοώντων σοι·
Εὐλογημένος εἶ ὁ ἐρχόμενος τὸν Ἀδὰμ ἀνακαλέσασθαι.

ϛ. ΑΠΟΛΥΤΙΚΙΑ ΚΑΙ ΚΟΝΤΑΚΙΑ ΤΟΥ ΠΕΝΤΗΚΟΣΤΑΡΙΟΥ

Τῇ ἁγίᾳ καὶ μεγάλῃ Κυριακῇ τοῦ Πάσχα

Ἦχος πλ. α΄

Χριστὸς ἀνέστη ἐκ νεκρῶν,
θανάτῳ θάνατον πατήσας,
καὶ τοῖς ἐν τοῖς μνήμασι
ζωὴν χαρισάμενος.

Κοντάκιον. Ἦχος πλ. δ΄. Αὐτόμελον. [τοῦ Ἁγίου Ῥωμανοῦ]

Εἰ καὶ ἐν τάφῳ κατῆλθες, Ἀθάνατε,
ἀλλὰ τοῦ Ἄδου καθεῖλες τὴν δύναμιν·
καὶ ἀνέστης ὡς νικητής, Χριστὲ ὁ Θεός,
γυναιξὶ μυροφόροις,
φθεγξάμενος· Χαίρετε,
καὶ τοῖς σοῖς ἀποστόλοις εἰρήνην δωρούμενος,
ὁ τοῖς πεσοῦσι παρέχων ἀνάστασιν.

Τῇ Κυριακῇ τοῦ ἁγίου Ἀποστόλου Θωμᾶ

Ἦχος βαρύς

Ἐσφραγισμένου τοῦ μνήματος,
ἡ ζωὴ ἐκ τάφου ἀνέτειλας, Χριστὲ ὁ Θεός·
καὶ τῶν θυρῶν κεκλεισμένων,
τοῖς Μαθηταῖς ἐπέστης ἡ πάντων ἀνάστασις·
Πνεῦμα εὐθὲς δι' αὐτῶν ἐγκαινίζων ἡμῖν,
κατὰ τὸ μέγα σου ἔλεος.

On the Sunday of the Myrrhbearers

Apolytikion of the Resurrection. Tone 2. See page 73.

Tone 2.

The noble Joseph,
taking down your most pure Body from the Tree,
wrapped it in a clean shroud with sweet spices
and laid it for burial in a new grave.
But on the third day you arose, O Lord,
granting the world your great mercy.

The same Tone.

The Angel standing by the grave
cried to the women
bearing myrrh:
Myrrh is fitting for the dead,
but Christ has shown himself a stranger to corruption.
But cry aloud:
The Lord has risen,
granting the world his great mercy.

Kontakion. Tone 2. Model melody.

When you cried to the myrrhbearing women, 'Rejoice!',
you ended the lament of our foremother Eve
by your Resurrection Christ our God,
while you ordered your Apostles to proclaim,
'The Saviour has risen from the grave'.

On the Sunday of the Paralysed Man

Apolytikion of the Resurrection. Tone 3. See page 74.

Kontakion. Tone 3. Today the Virgin.

By your divine presence, Lord,
raise my soul,

Τῇ Κυριακῇ τῶν Μυροφόρων

Ἀπολυτίκιον ἀναστάσιμον. Ἦχος β΄. Βλ. σελ. 73.

Ἦχος β΄

Ὁ εὐσχήμων Ἰωσήφ,
ἀπὸ τοῦ ξύλου καθελὼν τὸ ἄχραντόν σου Σῶμα,
σινδόνι καθαρᾷ εἰλήσας καὶ ἀρώμασιν,
ἐν μνήματι καινῷ κηδεύσας ἀπέθετο·
ἀλλὰ τριήμερος ἀνέστης, Κύριε,
παρέχων τῷ κόσμῳ τὸ μέγα ἔλεος.

Ἦχος ὁ αὐτός

Ταῖς Μυροφόροις γυναιξί,
παρὰ τὸ μνῆμα ἐπιστάς,
ὁ Ἄγγελος ἐβόα·
Τὰ μύρα τοῖς θνητοῖς ὑπάρχει ἁρμόδια,
Χριστὸς δὲ διαφθορᾶς ἐδείχθη ἀλλότριος·
ἀλλὰ κραυγάσατε·
Ἀνέστη ὁ Κύριος,
παρέχων τῷ κόσμῳ τὸ μέγα ἔλεος.

Κοντάκιον. Ἦχος β΄. Αὐτόμελον.

Τὸ Χαῖρε ταῖς Μυροφόροις φθεγξάμενος,
τὸν θρῆνον τῆς προμήτορος Εὔας κατέπαυσας,
τῇ Ἀναστάσει σου, Χριστὲ ὁ Θεός·
τοῖς Ἀποστόλοις δὲ τοῖς σοῖς κηρύττειν ἐπέταξας·
Ὁ Σωτὴρ ἐξανέστη τοῦ μνήματος.

Τῇ Κυριακῇ τοῦ Παραλύτου

Ἀπολυτίκιον ἀναστάσιμον. Ἦχος γ΄. Βλ. σελ. 73.

Κοντάκιον τοῦ Παραλύτου. Ἦχος γ΄. Ἡ Παρθένος σήμερον.

Τὴν ψυχήν μου, Κύριε,
ἐν ἁμαρτίαις παντοίαις,

grievously paralysed by sins of every kind
and by unnatural deeds,
as you also raised the Paralytic of old,
that saved I may cry to you:
O merciful Christ, glory to your might.

On the Wednesday of Mid-Pentecost

Tone 8.

At the mid-point of the Feast,
O Saviour, water my thirsty soul
with streams of true devotion.
For you cried out to all:
Any who thirst, let them come to me, and let them drink!
O Source of life, Christ our God, glory to you!

Kontakion. Tone 4. Lifted up on the Cross.

At the mid-point of the feast according to the Law,
Maker of all things and Master,
you said to those who were there, Christ God:
Come, and draw the water of immortality.
Therefore we fall down before you and with faith we cry:
Grant us your mercies,
for you are the source of our life.

On the Sunday of the Samaritan Woman

Apolytikion of the Resurrection. Tone 4. See page 74.

Kontakion. Tone 8.

Coming in faith to the well,
the woman of Samaria saw you,
the water of wisdom,
and having been given unstintingly to drink
she, the forever renowned,
inherited the kingdom from on high.

καὶ ἀτόποις πράξεσι δεινῶς παραλελυμένην,
ἔγειρον, τῇ θεϊκῇ σου ἐπιστασίᾳ,
ὥσπερ καὶ τὸν παράλυτον ἤγειρας πάλαι,
ἵνα κράζω σεσωσμένος·
Οἰκτίρμον, δόξα, Χριστέ, τῷ κράτει σου.

Τῇ Τετάρτῃ τῆς Μεσοπεντηκοστῆς

Ἦχος πλ. δ´

Μεσούσης τῆς ἑορτῆς,
διψῶσάν μου τὴν ψυχήν,
εὐσεβείας πότισον νάματα·
ὅτι πᾶσι, Σωτήρ, ἐβόησας·
Ὁ διψῶν, ἐρχέσθω πρός με καὶ πινέτω.
Ἡ πηγὴ τῆς ζωῆς, Χριστὲ ὁ Θεός, δόξα σοι.

Κοντάκιον. Ἦχος δ´. Ὁ ὑψωθεὶς ἐν τῷ Σταυρῷ.

Τῆς ἑορτῆς τῆς νομικῆς μεσαζούσης,
ὁ τῶν ἁπάντων Ποιητὴς καὶ Δεσπότης
πρὸς τοὺς παρόντας ἔλεγες, Χριστὲ ὁ Θεός·
Δεῦτε καὶ ἀρύσασθε ὕδωρ ἀθανασίας·
ὅθεν σοι προσπίπτομεν, καὶ πιστῶς ἐκβοῶμεν·
Τοὺς οἰκτιρμούς σου δώρησαι ἡμῖν·
σὺ γὰρ ὑπάρχεις πηγὴ τῆς ζωῆς ἡμῶν.

Τῇ Κυριακῇ τῆς Σαμαρείτιδος

Ἀπολυτίκιον ἀναστάσιμον. Ἦχος δ´. Βλ. σελ. 73.

Κοντάκιον. Ἦχος πλ. δ´

Πίστει ἐλθοῦσα ἐν τῷ φρέατι,
ἡ Σαμαρεῖτις ἐθεάσατο,
τὸ τῆς σοφίας ὕδωρ σε,
ᾧ ποτισθεῖσα δαψιλῶς,
βασιλείαν τὴν ἄνωθεν ἐκληρώσατο,
αἰωνίως ἡ ἀοίδιμος.

On the Sunday of the Man Born Blind

Apolytikion of the Resurrection. Tone 5. See page 75.

Kontakion. Tone 4.

With the eyes of my soul mutilated
I come to you, O Christ, as the man blind from birth,
crying to you in repentance:
You are the radiant light of those in darkness.

On the Ascension of our Lord

Tone 4.

You were taken up in glory, Christ our God,
giving joy to your Disciples
by the promise of the Holy Spirit,
when through the blessing they had been assured
that you are the Son of God, the Redeemer of the world.

Kontakion. Tone 6. [By St Romanos]

When you had fulfilled your dispensation for us,
and united things on earth with things in heaven,
you were taken up in glory, Christ our God.
In no way parted,
but remaining inseparable, you cried to those who loved you:
I am with you, and there is no one against you.

On the Sunday of the Holy Fathers

Apolytikion of the Resurrection. Tone 6. See page 75.

Kontakion. Tone 8.

You are glorified above all, Christ our God,
who established our Fathers as beacons on the earth,
and through them guided us all to the true faith.
Greatly compassionate Lord, glory to you!

ΥΜΝΟΙ ΑΠΟ ΤΩΝ ΑΚΟΛΟΥΘΙΩΝ

Τῇ Κυριακῇ τοῦ Τυφλοῦ

Ἀπολυτίκιον ἀναστάσιμον. Ἦχος πλ. α΄. Βλ. σελ. 74.

Κοντάκιον. Ἦχος δ΄

Τῆς ψυχῆς τὰ ὄμματα πεπυρωμένος,
σοί, Χριστέ, προσέρχομαι, ὡς ὁ τυφλὸς ἐκ γενετῆς,
ἐν μετανοίᾳ κραυγάζων σοι·
Σύ, τῶν ἐν σκότει, τὸ φῶς τὸ ὑπέρλαμπρον.

Τῇ Πέμπτῃ τῆς Ἀναλήψεως

Ἦχος δ΄

Ἀνελήφθης ἐν δόξῃ, Χριστὲ ὁ Θεὸς ἡμῶν,
χαροποιήσας τοὺς Μαθητὰς
τῇ ἐπαγγελίᾳ τοῦ Ἁγίου Πνεύματος,
βεβαιωθέντων αὐτῶν διὰ τῆς εὐλογίας,
ὅτι σὺ εἶ ὁ Υἱὸς τοῦ Θεοῦ ὁ Λυτρωτὴς τοῦ κόσμου.

Κοντάκιον. Ἦχος πλ. β΄. *Αὐτόμελον* [τοῦ ἁγίου Ῥωμανοῦ].

Τὴν ὑπὲρ ἡμῶν πληρώσας οἰκονομίαν,
καὶ τὰ ἐπὶ γῆς ἑνώσας τοῖς οὐρανίοις,
ἀνελήφθης ἐν δόξῃ, Χριστὲ ὁ Θεὸς ἡμῶν,
οὐδαμόθεν χωριζόμενος,
ἀλλὰ μένων ἀδιάστατος καὶ βοῶν τοῖς ἀγαπῶσί σε·
Ἐγώ εἰμι μεθ' ὑμῶν, καὶ οὐδεὶς καθ' ὑμῶν.

Τῇ Κυριακῇ τῶν Ἁγίων Πατέρων

Ἀπολυτίκιον ἀναστάσιμον. Ἦχος πλ. β΄. Βλ. σελ. 75.

Ἦχος πλ. δ΄

Ὑπερδεδοξασμένος εἶ, Χριστὲ ὁ Θεὸς ἡμῶν,
ὁ φωστῆρας ἐπὶ γῆς, τοὺς Πατέρας ἡμῶν θεμελιώσας,
καὶ δι' αὐτῶν πρὸς τὴν ἀληθινὴν πίστιν πάντας ἡμᾶς
    ὁδηγήσας·
Πολυεύσπλαγχνε, δόξα σοι.

On the Sunday of Pentecost

Tone 8.

Blessed are you, Christ our God,
who revealed the fishermen to be most wise
by sending down to them the Holy Spirit,
and so through them catching the whole world in a net.
Lover of mankind, glory to you!

Kontakion. Tone 8. [By St Romanos]

When the Most High came down and confused the tongues,
he parted the nations.
When he divided out the tongues of fire,
he called all to unity;
and with one voice we glorify
the All-holy Spirit.

On the Sunday of All Saints

Apolytikion of the Resurrection. Tone 8. See page 77.

Tone 4.

Clothed as in purple and fine linen
with the blood of your Martyrs throughout the world,
your Church cries out to you through them,
Christ God:
Send down your pity on your people.
Grant peace to your commonwealth,
and to our souls your great mercy.

Kontakion of the Martyrs. Tone 8. See Saturday, page 81.

GLORY TO GOD FOR ALL THINGS

Τῇ Κυριακῇ τῆς ἁγίας Πεντηκοστῆς

Ἦχος πλ. δ´

Εὐλογητὸς εἶ, Χριστὲ ὁ Θεὸς ἡμῶν,
ὁ πανσόφους τοὺς ἁλιεῖς ἀναδείξας,
καταπέμψας αὐτοῖς τὸ Πνεῦμα τὸ Ἅγιον,
καὶ δι᾽ αὐτῶν τὴν οἰκουμένην σαγηνεύσας·
Φιλάνθρωπε, δόξα σοι.

Κοντάκιον. Ἦχος πλ. δ´. [τοῦ ἁγίου Ῥωμανοῦ].

Ὅτε καταβὰς τὰς γλώσσας συνέχεε,
διεμέριζεν ἔθνη ὁ Ὕψιστος·
ὅτε τοῦ πυρὸς τὰς γλώσσας διένειμεν,
εἰς ἑνότητα πάντας ἐκάλεσε·
καὶ συμφώνως δοξάζομεν
τὸ πανάγιον Πνεῦμα.

Τῇ Κυριακῇ τῶν Ἁγίων Πάντων

Ἀπολυτίκιον ἀναστάσιμον. Ἦχος πλ. δ´. Βλ. σελ. 77.

Ἦχος δ´

Τῶν ἐν ὅλῳ τῷ κόσμῳ Μαρτύρων σου,
ὡς πορφύραν καὶ βύσσον,
τὰ αἵματα ἡ Ἐκκλησία σου στολισαμένη,
δι᾽ αὐτῶν βοᾷ σοι, Χριστὲ ὁ Θεός·
Τῷ λαῷ σου τοὺς οἰκτιρμούς σου κατάπεμψον,
εἰρήνην τῇ πολιτείᾳ σου δώρησαι,
καὶ ταῖς ψυχαῖς ἡμῶν τὸ μέγα ἔλεος.

Κοντάκιον τῶν Μαρτύρων. Ἦχος πλ. δ´. (βλ. σ. 81).

ΔΟΞΑ ΤΩ ΘΕΩ ΠΑΝΤΟΝ ΕΝΕΚΕΝ